그래, 난 꼰대다
그래서 도대체 뭐 어쩌라구?

그래, 난 꼰대다
그래서 도대체 뭐 어쩌라구?

이만기 지음

좋은땅

머리말

　필자는 '6. 25둥이'로 전쟁이 발발했을 때 100일을 겨우 넘긴 아주 어린 아기였습니다. 평상시에도 아기 돌보기가 힘든데 전쟁 통에 할머니와 아버지, 어머니 그리고 누이 등 가족들은 얼마나 고생 많았을까 되돌아보게 됩니다. 우리의 근세 역사에서 어떤 사변이나 사태 등과 관련하여 '둥이'를 붙이는 것은 '해방둥이'와 '6. 25둥이'뿐인데, 그만큼 '국권회복'과 '한국전쟁'이 중요했다는 뜻일 것입니다.

　70대 중반의 나이를 지나면서 그야말로 격동의 세월을 지나온 셈이라고 생각합니다. 그동안 전쟁, 보릿고개, 산업화 및 민주화 그리고 선진국 진입 등의 과정을 거치면서 겪었던 경험이나 느꼈던 생각들을 이번에 책으로 엮게 되었습니다. 책 내용 중에는 전에 과우회의 정기 간행물 등에 기고하였던 글들도 일부 포함되어 있어 약간 중복되는 부분도 있습니다. 또한 예전에 쓴 글 중에는 현재 상황과 차이가 있을 수 있어 그 시점을 알 수 있도록 필요한 문구를 반영하였습니다.

　이 책은 크게 5개 부문으로 구분했습니다. 첫 번째 장은 "대한민국을 다시 생각한다."라는 제목으로 우리 역사상 겪었던 일들을 통해 우리의 생각을 한번 되짚어 보는 내용이고, "한민족(韓民族), 한민족(恨民族) 그리고 하나의 민족"이라는 제목의 두 번째 장은 우리 한민족의 특성을 개관(槪觀)하는 내용입니다. 세 번째 장 "하느님이 보우하사, 아! 대한민국"은 근래의 여러 상황 등을 통해 우리 한국인이 서 있는 위치를 가늠해 보고자 했습니다. "하늘을 친구처럼, 국민을 하늘처럼"의 제목을 붙인 네 번째 장은 주로 필자가 공직에 있었을 때의 경험과 퇴직 후의 봉사 활동 과정에서 중·고교 학생들에 대한 특강과 관련하여 쓴 글들입니다. 마지막 장은 필자가 산책이나 등산길을 무심코 걷다가 문득문득 생각난 것들을 그때그때 정리한 것입니다. 제목을 어떻게 붙일까 생각하다가 "멍 때리다 빠진 사해(思海)"라고 했습니다. '사해'는 '생각의 바다'라는 뜻으로 필자가 임의로 지어 본 것입니다.

이번 책은 특정 주제에 대한 것이 아니기 때문에 책 제목을 어떻게 정할까 고민을 했습니다. 그러던 중 집 근처 경찰서 게시대에 붙은 플래카드를 보게 되었는데 그 내용은 '노인 학대 예방 및 근절 추진 기간'에 대한 것이었습니다. 조금은 충격을 받았고 또한 책 내용 중에 '세대 갈등'에 대한 글도 따로 있기에 조금은 도발적으로 느낄 수도 있는 제목을 붙였습니다.

이 책에 수록된 글들은 대한민국에서 이 시대를 살아가는 평범한 '꼰대' 한 사람의 개인 의견이므로 독자 분들의 견해와 다른 부분이 있더라도 넓은 이해를 부탁드립니다. 이 책을 지으면서 참고한 근거 자료 등은 내용 중에 각주(脚註)로 표기하였습니다. 그러나 혹시라도 사실과 다른 내용이 포함되었으면 그것 역시 모두 필자가 사실확인 등에 미흡하였기 때문입니다. 이에 대하여도 독자 분들의 양해를 바랍니다.

이 책을 지음에 있어 자료 인용을 흔쾌히 승낙해 주신 국사편찬위원회와 유홍준 명지대학교 석좌교수 겸 한국학중앙연구원 이사장님께 깊은 감사의 말씀을 올립니다.

끝으로 열(熱)과 성(誠)을 다해 이 책을 출간해 주신 '좋은땅' 출판사와 갖은 노력을 다해 주신 관계자분들께 고마움의 인사를 드립니다.

2023년 10월

이만기

목차

⟨III⟩ 하느님이 보우하사, 아! 대한민국

하늘을 친구처럼, 국민을 하늘처럼

멍 때리다 빠진 사해(思海)

I

대한민국을 다시 생각한다

1.
대한민국과 일본,
이 두 나라가 사는 법

두 나라의 대칭 특성

대한민국과 일본, 이 두 나라는 서로 간에 멀리할 수도 없고 가까이 하기엔 너무나 부담스러운 이웃이라고 할 수 있다. 가까울수록 비뚤어져 보인다는 말이 있듯이 세계적으로 여러 나라의 예를 보더라도 인접국 간에 평화적으로 지내는 나라는 그렇게 많지 않다. 우리나라와 일본 이외에도 이스라엘과 팔레스타인, 독일과 프랑스, 이라크와 이란, 튀르키예와 그리스 등 서로 이웃한 나라 사이에는 역사적으로 숱한 전쟁이 있었고, 지금도 크고 작은 갈등이 이어지고 있다.

이러한 이웃 나라 간 다툼 가운데서도 우리나라와 일본은 다른 나라에 비하여 보다 독특한 민족적 특성이 내재하여 있다고 볼 수 있다. 우리나라와 일본이 어떤 상황에 대처하는 방법에서 그 예를 찾아볼 수 있는데 그 형태가 아주 판이하다. 근래의 두 가지 사례에서 극명하게 드러나는데, 하나는 우리나라에서 2007년 12월에 있었던 태안 앞바다 기름 유출 사고이고, 다른 하나는 일본에서 2011년 3월에 발생한 동북 지방 지진 해일과 후쿠시마 원전 사태이다.

일본의 경우 동북 지방 지진 해일이 일어난 지 2년 반이 지난 현재(2013.8)까지도 사건 당시 발생한 쓰레기는 아직도 상당 부분 치워지지 않고 있고, 많은 이재민들이 지금도 수용 시설에 머무르고 있으며, 후쿠시마 원전 사태의 뒤처리는 언제 끝날지 그 누구도 가늠하지 못하는 그야말로 부지하세월(不知何歲月)이다.

지진 해일 사건 처리 과정에서 우리가 더욱 의아해했던 것은 사건 초기 일본 국내는 물론 전 세계에서 답지한 비상식량 등의 각종 구호물품이 넘쳐났는데도, 도로가 막혀 정작 수용 시설의 이재민들에게는 전달되지 못하는 상황이 벌어졌던 것이다. 우리나라 같았으면 군(軍)이나 경찰 또는 소방 헬기를 동원하여서라도 필요한 장소에 구호품을 전달하였을 것이다.

일본은 왜 그렇게 하지 않았을까? 아니 왜 못 했을까? 일본은 철두철미 '매뉴얼 사회'라 할 수 있다. 모든 것이 사전에 매뉴얼화 되어 있어 매뉴얼에 이러한 상황, 즉 도로가 막혔을 때 군이나 경찰 등의 헬리콥터를 이용하여 구호품을 수송하라는 내용이 아마도 없었지 않았을까 싶다. 후쿠시마 원전 상황이 급박하게 전개될 때 동 원전의 운영 회사인 도쿄전력의 사장이 도로가 막히자, 공군 비행기를 이용하여 현지로 가다가 매뉴얼에 이런 내용이 없다 하여 되돌아왔다는 일화도 같은 맥락의 사례이다.

아직까지 치워지지 않은 쓰레기도 내용을 들여다보면 파손된 자동차, 건물의 잔해 등은 주민이 자의적으로 버린 것이 아니므로 엄밀하게는 폐기물이 아니다. 따라서 쓰레기를 처리하기 위해서는 주인의 동의가 필요한데, 주인이 사망한 경우도 있고 잔해 처리를 원치 않을 수도 있어 치우지 못한다는 것이다. 우리나라였다면 어땠을까? 쓰레기는 다 치워지고 폐허가 되다시피 한 그 자리에서는 이미 새로운 주택 건설이 한창 진행 중일 것이며, 구호품은 어떠한 수단을 동원하여서라도 이재민에게 전달되었을 것이다. 다른 예를 보면 알 수 있다. 태안 앞바다 기름 유출 사고 때는 사고가 나자마자 전국에서 연인원 100만 명 이상의 자원봉사자가 나서서 손걸레까지 사용하면서, 오염된 바위 등을 닦고 하여 이제는 청정한 바다로 다시 태어나게 했다. 또한 IMF 사태 때에는 전 국민이 금 모으기 운동을 통하여 이를 빨리 극복할 수 있었다. 이때 모아진 금은 총 227톤, 21억 달러에 달했으며, 이를 해외에 팔아 IMF 구제 금융을 받았던 아시아 3개국(대한민국, 태국, 인도네시아) 중 가장 먼저 외환위기를 벗어났다.

이 두 나라의 사례에서 보면 우리나라는 '사후 처리형(事後處理形)' 국가인 데 반하여 일본은 철저한 '사전 준비형(事前準備形)' 국가라 할 수 있다. 사전 준비형 국가인 일본은 거의 모든 경우를 대비한 매뉴얼을 마련하여 대처하고 있지만, 매뉴얼에 없는 상황에 대해서는 속수무책으로, 아니 무능력하다고까지 할 수 있을 정도로 취약하다. 반면에 사후 처리형 국가인 우리나라는 일단 상황이 벌어지면 일사불란하게, 일치단결하여 밤을 새워서라도 복구하지만, 사전 대비는 허술하기 짝이 없다. 각종 폭발 사고, 공사 중 붕괴 사고, 정화조 등에서의 가스 질식 사망사고, 엘리베이터 수리 중 추락 사망사고, 지하차도 폭우 침수 사망사고 등이 되풀이되어 발생할 때마다 제기되는 것이 안전 불감증(安全不感症)이요 인재(人災)라는 단어다. "설마 일어나겠어?" 하는 생각들이 사전 대비에 철저하지 못한 원인이라고 할 수 있다. 그러나 일이 벌어지면 사후 처리는 신속하게 일사천리로 진행된다.

최근(2023.8)에 있었던 새만금 제25회 세계스카우트잼버리대회가 우리나라의 대응 관행을 극명하게 보여 주었다고 해도 과언이 아니다. 똑같이 여름 폭염 철에 그리고 간척지에서 대회를 개최했는데도 일본은 무리 없이 행사를 치른 반면에, 우리나라는 준비 부족 등으로 참가 대원들의 불평·불만과 함께 세계적 비난을 받았다. 문제가 불거지자 상황은 급변했다. 한국인의 주특기인 '사후 처리 능력'이 제대로 발휘된 것이다. 군사 작전을 방불케 할 정도로 1,000대가 넘는 버스를 지체 없이 확보하고, 불과 몇 시간 만에 40,000여 명의 대원들을 전국 각지의 대학 기숙사, 기업체 연수원, 사찰 등으로 분산 배치하였으며, 문화 체험을 포함하여 그 지역 특성에 맞는 활동을 지원하였다. 특히 폐영식에 이어 대원들을 열광의 도가니 속으로 빠지게 만든 K-Pop 공연으로 초기의 미숙함을 상쇄한 것이다. 이러한 사후 대처 과정을 보면 '전광석화(電光石火)'라는 말이 가장 잘 어울리는 표현일 것이다.

왜 처음부터 꼼꼼하게 준비하고 신속하게 실행에 옮기지 못했을까? 너무나 안타까운 마음 금할 수 없다. 금번 새만금 제25회 세계스카우트잼버리대회는 '사전 준비 불철저'의 민낯과 '사후 처리 완벽함'의 진면목, 즉 'K-Practice'의 실체를 만천하에 보여 준 것이다.

원인과 우리의 대비

이러한 두 나라의 특성은 아마도 오래전 그들의 조상들이 살았던 생활 환경에 기인하지 않았을까 싶다. 우리의 오랜 선조들은 우랄산맥 동쪽의 드넓은 초원에서 목축 생활을 하였을 터인데, 부족의 무리들이 풀을 찾아서 서로 떨어져서 생활했을 것이다. 사방이 탁 트인 초원에서는 어느 쪽에서 외적이 쳐들어올지 모르기 때문에 사전 대비가 무의미했을 것이고, 일단 적이 쳐들어오면 그때 가서 가까이에 있는 동족의 무리들에게 신속하게 알려 외적을 함께 물리쳐야 했을 것이다. 따라서 이러한 생활 습관이 우리로 하여금 사전 대비에 둔감한 대신 사후 처리에는 강한 인자(因子)가 되었을 것이다.

반면에 일본은 섬나라이기 때문에 외적이 침입하는 장소를 어느 정도 예상할 수 있다. 외적이 해안 절벽으로 침입할 리는 없고 해변이나 군선(軍船)을 정박할 수 있는 만(灣) 등으로 침입할 가능성이 높은 것이다, 따라서 이러한 장소에 대하여 사전 방비만 철저히 하면 외적의 침입으로부터 안전할 수 있기 때문에 이러한 생각들이 생활 모든 면에서 사전 준비형으로 정착되었다고 볼 수 있다.

최근 일본의 우경화 움직임 속에서 독도에 대한 일본의 행태를 보면 사전 준비형 특징이 명확하게 드러난다고 볼 수 있다. 아베 정권 출범 후 총리실에 독도 문제를 다룰 '영토·주권 대책 기획조정실'을 발족시키고 독도 영유권 주장을 되풀이하고 있으며, 해마다 외교청서와 방위백서에 독도를 일본 영토로 기술하고 있고, 독도가 일본 영토라는 내용의 중·고교 교과서가 해가 갈수록 늘어나고 있다. 최근에는 독도에 대한 대국민 여론조사를 통하여 일본인들의 독도에 대한 관심을 고조시키고, 독도연구소 설립을 추진하는 등 차근차근 진전시켜 나가는 모습은 사전 준비형 국가의 실체를 보여 주고 있다고 해도 과언이 아니다.

우리가 과거의 치욕적인 역사를 되풀이하지 않으려면 사후 처리형 국가의 장점을 살려 나가면서 사전 대비형 자세의 확립이 절실하다 하겠다. 태안 앞바다 기름 오염은 몇 년 만에 복구가 가능하지만 단절된 역사, 침해받은 역사는 회복하는 데 장구한 세월이 필요하기 때문이다.

[과우회 홈페이지 필자 기고문(2013.8) 일부 보완]

2.

배알이 없었던 조선,
염치가 없었던 왜(倭)

조선통신사 파견

2022년 7월 8일 오전 11시 30분, 전 일본 총리 아베가 나라 현 나라 시에서 참의원 선거 지원 유세 중 두 차례 총격을 받고 사망했다. 총을 쏜 범인은 41세의 전직 해상자위대원으로 현장에서 체포되었다.

대낮에 벌어진 아베의 갑작스러운 피격 사망은 일본 국민들에게 큰 충격을 주었으며, 미국의 바이든 대통령을 비롯한 여러 나라의 정상들이 슬픔과 함께 애도를 표했다.

아베는 어느 누구보다도 우익 성향이 강했던 정치인으로서 야스쿠니 신사를 참배하거나 공물(貢物)을 바치고, 제2차 세계 대전 패전 후 현재까지 유지되어 온 평화 헌법을 개정하여 일본을 전쟁이 가능한 나라로 만들기 위해 절치부심했던 인물이다. 35년간 일본의 강점기 치하에서 말할 수 없는 치욕과 고통을 겪었기에, 이러한 아베의 죽음에 대하여 대부분의 대한민국 국민들은 복잡하고 착잡한 심경을 가졌을 것이다.

우리는 일본을 '가깝고도 먼 나라'라고 말한다. 지리적으로는 가까우나 역사적으로는 분하고 심정적으로는 먼 나라로 느껴지기 때문이다. 일본은 우리나라에게 과거에는 어떤 나라였고, 현재는 또 어떤 나라인가? '일본' 하면 역사적으로 우리나라를 어지간히나 괴롭혔던 '왜구'부터 생각이 난다. 왜구는 고려와 조선왕조 전기에 걸쳐 한반도에 시도 때도 없이 침입하여 식량을 약탈하고, 우리나라 백성들에게 큰 고통을 주었다.

고려 말 요동 정벌 과정에서의 위화도 회군 당시 우군도통사였던 이성계는 요동 정벌을 해서는 안 된다는 '4불가론'을 주장하면서 그중의 하나로 왜구의 침입 가능성을 거론했다. 온 나라 군사를 동원하여 멀리 정벌하면 왜적이 그 허술한 틈을 타서 고려를 침략한다는 것이었다.

조선왕조에 들어서도 왜구의 침입이 계속되자 세종 때에는 이종무로 하여금 대마도를 정벌케 했다. 급기야 일본은 선조 25년(1592) 도요토미 정권하에서 조선을 침략했다. 7년간 이어진 임진왜란의 시작이었다. 이 전쟁으로 조선이 입은 피해는 그야말로 막심했다. 인명 손실은 말할 것도 없고 전국적으로 전야(田野)가 황폐화되었다. 문화재 손실도 엄청나 경복궁·창덕궁·창경궁을 위시한 많은 건축물과 서적·미술품 등이 소실되고 약탈되었다. 역대 실록을 포함하여 귀중한 사서(史書)를 보관한 시고(史庫)도 전주사고만 남고 모두 소실되

었다.[1]

이러한 피해를 조선에 입혔던 일본은 그 후에 어떻게 했을까? 임진왜란이 끝난 후 에도막부를 세운 도쿠가와 이에야스는 막부의 위상 강화와 정치적 안정 등을 위하여 조선에 사절단 파견을 요청했다.

선조는 일본에 포로로 잡힌 백성들을 빨리 데려와야 한다는 이유에서, 선조 40년(1607) 회답겸쇄환사(回答兼刷還使)라는 이름으로 통신사를 일본에 파견한다. 조선은 임진왜란이 끝난 후 1811년까지 약 200여 년간 12차례 조선통신사를 일본에 보냈다. 그러니까 평균 16년마다 조선통신사가 일본에 간 것이다. 임진왜란 전에도 조선은 태종13년(1413) 때부터 8번 조선통신사를 일본에 파견했다. 이는 평균 22년에 한 번씩 파견한 셈이니 임진왜란 후에 더 자주 파견한 것이다.

조선통신사는 문인과 예술인 등으로 구성된 300~500명에 이르는 대규모 사절단이었다. 통신사 파견에는 두 나라에 있어 막대한 예산이 소요되었다.

조선통신사들은 조선 국왕의 '국서(國書)'를 쇼군에게 전해 주면서 우리의 수준 높은 문물도 함께 전해 주었다. 삼국 시대 특히 백제가 당시 왜에게 불교와 함께 선진 문화를 전해 준 것이 1차 한류라면 조선통신사 파견은 2차 한류였다. 이렇게 조선통신사를 통하여 '소프트파워'를 축적한 일본은 18~19세기에 무기 등 서양의 신문물을 받아들이고 끝내 본심을 다시 드러내 1910년 조선을 강점하게 된다.

---

1 「임진왜란」, 『한국민족문화대백과사전』, 한국학중앙연구원

왜의 몰염치(沒廉恥)

물론 포로의 송환과 일본의 정세 파악 등 나름대로 목적은 있었으나, 왜구의 침입 그리고 임진왜란으로 일본으로부터 크나큰 고통을 당했으면서도 일본의 요구에 응하여 통신사를 파견한 것은, 지금 생각해 보면 조선은 배알이 없었던 것은 아니었을까? 배알은 실생활에서는 줄여서 '밸'로 표현하는데, '너는 밸도 없니?'라는 말을 자주 쓴다. 이때의 '밸'은 배짱이라는 뜻보다는 자기에게 피해를 입혔거나 괴롭힌 사람의 요구를 보기 좋게 거부하면서 내심 복수한다는 의미도 있다. 그때도 조선왕조에서 일본의 조선통신사 파견 요청을 냉정하게, 감정을 실어 표현하면 '매몰차게' 거절했었더라면 어땠을까? 그때 일본은 임진왜란에 대하여 사과했는지 모르겠다.

그러면 일본은 어떤가? 그렇게 한민족으로부터 많은 혜택을 받았음에도 크게는 두 차례에 걸쳐 조선을 위기에 빠뜨렸으니, 최소한의 염치도 없었던 것이 아닌가?

한민족이 배알이 없었던 적은 삼국 시대에도 있었다. 신라는 당나라와 동맹을 맺고 백제를 패망시켰다. 그 후 당나라는 '백제도호부'와 '웅진도독부' 등을 설치하여 백제의 고토를 직접 지배하려 했다. 더나아가 663년에는 신라 경주에 '계림도독부'를 설치하고 문무왕을 계림대도독으로 임명하면서 신라까지 차지하려는 야욕을 보였다. 이로 인해 신라와 당나라는 갈등에 휩싸인다. 그럼에도 그 후 당나라가 고구려를 공격할 때 신라는 군량미 지원 등 당나라의 지원 요청에 응했다. 평양으로 진격하는 당나라 군대를 위해 엄동설한에 군량미를 마차에 싣고 북으로 가다가, 눈길에 막혀 얼어 죽은 신라 군사가 부지기수였다. 이때도 신라는 배알이 없었고, 당나라는 염치가 없었다.

아베의 죽음을 보면서 현재 일본에서 부는 한류의 바람에도 불구하고 언젠가 일본이 또다시 염치없는 국가적 행동을 하지 않을까 우려하는 것은 필자만의 생각일까? 다시는 과거의 아픈 역사가 되풀이되지 않도록 우리는 배알이 있어야 하고 일본은 염치가 있어야 한다. 그러기 위해서는 과거에 머물러 있지 말고 여러 면에서 실력을 키워나가면서, 미래를 개척해 나가는 한민족이 되어야 하지 않을까 싶다.

요즈음 대한민국 국민들이 일본의 잃어버린 30년, 아날로그 사회에 머무르고 있는 일본의 현실, 구매력 기준 1인당 GDP(PPP)에서 우리나라가 일본을 앞섰다는 등의 이야기로 인해 일본을 가볍게 여기는 풍조가 생겨나고 있는데, 이는 극히 경계할 일이다. 2023년 4월 기준 일본의 명목상 GDP는 4조 4,097억 3,800만 달러로 미국, 중국에 이어 세계 3위 자리를 군건히 지키고 있다. 우리나라는 1조 7,219억 9백만 달러로 12위였다. 2023년 기준 총인구 수는 일본이 1억 2,349만 명, 대한민국은 5,196만 명이다. 일본이 인구는 우리나라의 2.38배인데 GDP는 2.56배이다. 절대로 방심할 일이 아니다. 무엇보다도 중요한 것은 확실한 우위의 국방력부터 갖추는 일이다.

그래, 난 꼰대다 그래서 도대체 뭐 어쩌라구?

3.
우리가 왜 '중국', '일본'이라고
불러 줘야 하나?

터키의 국호 및 우크라이나의 지명 변경

2022년 2월 24일 러시아가 우크라이나를 침공한 직후 주한 우크라이나 대사관은 러시아 발음으로 표기된 자국 내의 여러 도시 등의 이름을 우크라이나식으로 변경해 줄 것을 우리 정부에 요청했다. 이제까지 '키에프'로 불리던 수도 이름을 '키이우'로, '크림' 반도를 '크름' 반도 등으로 말이다. 같은 해 터키는 국호를 바꿨다. 종래의 터키(Turkey)라는 영문명은 '칠면조', '비겁자', '겁쟁이'라는 부정적 측면이 있다면서, '터키인의 땅'이라는 뜻의 '튀르키예(Türkiye)'로 변경을 요청하였고, 유엔은 2022년 6월 터키의 국호 변경을 수용했다.

터키나 우크라이나의 국호 및 지명 변경 요청에 대하여 각국의 반응은 아주 달랐다. 우리나라는 두 나라의 요구를 모두 받아들인 반면에, 자기네들이 쓰던 명칭을 그대로 유지하는 나라도 많았다. 터

키 국명의 경우 독일에서는 튀르카이(Türkei), 프랑스에서는 튀르키 (Turquie), 일본에서는 토루고(トルコ), 중국에서는 투얼치(土耳其) 로 계속 쓰고 있다.

우크라이나의 경우에는 우리나라가 키에프 등의 지명을 바로 변경 해 줬음에도 그들은 아직도 동해를 일본해로, 독도를 다께시마 또는 리앙쿠르 암초로 표기하고 있는 것으로 알려져 있다. 그렇다면 상호 주의 원칙에 따라서 우크라이나는 즉시 우리나라의 요구대로 두 곳 의 명칭을 바꿔야 할 것이다. 다른 나라의 국호나 지명을 가볍게 취 급해서는 안 된다. 특히 국호나 지명 변경의 경우에는 역사적 배경, 인접국간의 이해 문제 그리고 특히 우리나라와의 관계가 고려되어 야만 하는 것이다. 외국과의 관계에서 사람들 간에는 한국인의 '정 (情)'이 매우 중요하고 특징적인 요소이지만, 국가 간에 있어서는 어 떤 경우에라도 '국가이익'이 우선이며, 그 실행 원칙 중의 하나는 상 호주의이기 때문이다. 만약 우크라이나-러시아 전쟁에서 러시아가 승리한다면 우리는 '키이우'를 다시 또 '키에프'로 바꿀 것인가가 궁금 하다.

국호나 지명이 왜 이렇게 중요할까? 특히 나라 이름에 대하여는 역 사적 배경이나 정치적인 이유 등으로 일부 국가들에서는 첨예한 입 장을 가지고 있다. 타이완의 경우 공식 국호는 'Republic of China'지 만 올림픽이나 국제기구에 참가할 때는 'Chinese Taipei'라는 이름밖 에 쓰지 못한다. 타이완은 중국의 일부라는 강한 입장 때문에 종래의 나라 이름을 사용하지 못하고 'Chinese'라는 꼬리표를 항상 붙여야

그래, 난 꼰대다 그래서 도대체 뭐 어쩌라구?

하는 것이다.

발칸반도의 중앙에 위치한 '북마케도니아'는 현재의 국명을 국제적으로 인정받는 데 장장 28년이라는 긴 세월을 소비해야만 했다. 1991년 유고슬라비아 해체 시 '마케도니아'로 분리 독립한 이 나라는 1993년 유엔 가입 추진 시 '마케도니아'라는 나라 이름에 대하여 그리스의 강한 반대에 부딪혔다.

그리스 입장에서는 무엇보다도 자기들의 조상으로 믿는 알렉산더 대왕이 통치했던 마케도니아를 민족도 다른 슬라브족이 참칭(僭稱)한다고 생각하여 이를 용납할 수 없었던 것이다. 게다가 그리스에는 이미 마케도니아라는 행정 구역이 있기 때문이기도 했었다.

이로 인해 '마케도니아'는 '구 유고슬라비아 마케도니아 공화국(FY-ROM, The Former Yugoslav Republic Of Macedonia)'이라는 잠정 이름으로 유엔에 가입할 수 있었다.

2019년 2월 13일 결국은 국호를 '마케도니아공화국'에서 '북마케도니아공화국'으로 변경하는 대신에, 그리스는 '북마케도니아'의 나토 가입에 동의함으로써 국호 분쟁은 일단락되었다.

중국과 일본의 국호에 대하여

이렇듯 국호는 특히 인근 국가들 사이에서 매우 중요하면서 민감한 사안이다. 그렇다면 우리나라의 주위 국가들은 어떤가? 먼저 중국을 보자. '중국'이라는 나라 이름은 국공내전(國共內戰)에서 승리

한 공산당의 주도로 1949년 10월 1일 건국된 '중화인민공화국'의 약칭이다. '중국'이라는 약칭 이름에는 '가운데 나라', '중심이 되는 나라' 등의 뜻이 담겨 있다. 지구는 둥근데 '중국'만 가운데 나라인가?

일본은 또 어떤가? 일본 사람들이 사용하는 국호는 '일본국(日本國)'이다. '태양의 근본', '해 뜨는 나라', '해 돋는 나라'라는 의미인데, 『삼국사기』에 일본 국호의 유래가 나온다. "왜국(倭國)이 이름을 고쳐서 일본(日本)이라 하였다. 스스로 말하기를 해 뜨는 곳과 가깝기 때문에 그로써 이름을 지은 것이라 하였다(倭國更號日本 自言近日 所出以爲名)."[2]

지구본을 돌려 보면 지구 가운데 위치하지 않는 나라가 어디 있으며, 해 뜨지 않는 나라가 지구상 어디에 있겠는가? 미국이나 영국, 독일 등은 자기네들이 붙인 나라 이름이 아니라 중국어 국가 표현 발음과 유사한 이름을 우리가 차용하는 형태이기 때문에 별개의 문제이다. 그러나 중국이나 일본과 같이 자기네 스스로를 높이는 형태의 나라 이름을 우리가 지금처럼 그대로 쓰는 것이 옳은 것인가? 극단적으로 중국이나 일본이 '황제국'이나 '상전국(上典國)'으로 국호를 바꾸면 그대로 불러 줄 건가?

문제는 '중국'이나 '일본'으로 부르게 되면 은연중에 '중심이 되는 나라', '해 돋는 나라'라는 사대주의적 인식이 우리의 사고 속에 스며들 수 있게 된다는 점이다. 고려와 조선왕조에서는 일본으로 국호를 바

---

2 문무왕 10년(670) 12월 3번째 기사, 신라본기 제6(국사편찬위원회 삼국사기 권 제6 https://db.history.go.kr/item/level.do?sort=levelId&dir=ASC&start=1&limit=20& page, accessed 2023.6.2)

꾼 후에도 일상적으로는 19세기까지 '왜'라 칭했다. 역사서에 '왜구' 또는 '임진왜란'으로 표기하였던 것이다.

그러면 중국과 일본을 어떻게 불러야 하나? 답은 유엔에 등재된 나라 이름으로 불러야 하는 것이다. 중국은 'China'로, 일본은 'Japan'으로 말이다. 이들 나라들은 공식 국제 행사에서뿐만 아니라 모든 수출품에도 'Made in China', 'Made in Japan'으로 표기하고 있으니, 유엔 등재 국호가 그들도 인정하는 국제적 나라 이름인 것이다.

국호와 관련하여 재미있는 일화가 있다. 히딩크 감독하면 떠오르는 네덜란드(Netherland)의 국호는 독일어 표기인 '니더란트(Niederland)'에서 유래했다. '니더'는 '낮은'이라는 뜻이고, '란트'는 '땅'의 의미이다. 그러니까 '저지대 지방', '저지대 국가'가 되는 것이다. 네덜란드 입장에서는 '낮은 국가', '하위 국가'라는 의미로도 해석될 수 있기에 독일어 표현으로 '높은 땅'이라는 의미의 'Hochland'로 부르던 것이 'Holland'가 되었다는 것이다. 그러나 본래는 네덜란드가 독립 국가로 첫 등장할 때 중심이 되었던 지방의 이름이 'Holland'였기 때문에 국제 사회에서 이 이름이 통용되었다고 한다. 이 이름을 빌려 우리나라와 중국에서는 '화란(和蘭)'으로, 일본은 '오란다'로 부르기도 한다.

한때는 우리나라의 영문 명칭을 'Korea' 대신 'Corea'로 부르자는 움직임이 있었다. 알파벳 순서상 'K'는 'J'의 뒤이므로 국제행사 등에서 우리나라가 항상 일본 다음에 위치하기 때문이었다. 그런데 만약 'Corea'로 바꿨더라면 지금의 K-Pop, K-Drama 등의 K-Culture가

C-Pop이나 C-Drama 등으로 불리어져 중국 것으로 오해될 수 있기에 어쩌면 'Korea'를 그대로 유지해 온 것이 잘한 것인지도 모른다.

이러한 'Korea'를 대신하여 우리가 해외여행 시 외국인들이 어디서 왔냐고 물을 때 많은 경우 'South Korea'로 답을 한다. 이 또한 바꿔야 한다. 우리나라의 공식 명칭은 '대한민국(Republic of Korea)'이다. 'Korea'라고 답을 하면 거의 대부분 외국인들은 'South'냐 'North'냐고 묻기 십상이다. 그래서 필자는 'South Korea' 대신 'Korea, Seoul'이라고 답을 하는데, 이러면 그들은 대한민국이라는 것을 알게 된다. 올림픽과 월드컵 대회 등 국제 행사가 서울에서 많이 개최되었기 때문에 서울의 인지도가 높고, 또한 서울이 대한민국의 수도라는 것을 많은 외국인들이 알기 때문이다. 그래도 'South'냐 'North'냐 물으면 'Korea, BTS' 또는 'Korea, 손흥민'이라고 하면 대부분 대한민국임을 알아차린다.

'South Korea'라는 말은 우리나라의 공식 국가명도 아닐뿐더러, 분단된 상황을 강조하는 측면이 있을 수 있어 외국인들에게 쓰는 것은 바람직하지 않다. 이는 우리나라의 헌법 정신에도 맞지 않는다. 헌법상 북한도 엄연한 대한민국의 영토이기 때문이다. 우리나라의 수출품에 'Made in South Korea'라고 쓰는가? 어떤 경우에라도 'Made in Korea'라고 표기하지 않는가.

4.
'3.1절' 단상(斷想)

오늘은 '3.1절' 100주년(2019.3.1)이 되는 날이다. '3.1절'은 영원히 기억되고 다시는 치욕의 역사가 되풀이되지 않도록 하기 위하여, 우리 모두 그리고 우리 후손들의 가슴에 그날의 의미를 새겨 두어야 하는 날이다. '3.1절'은 「국경일에 관한 법률」에 따라 정해진 국경일 중 하나인데, 동 법률에 의한 국경일은 '3.1절' 외에 제헌절, 광복절, 개천절 및 한글날이 있다.

그런데 이렇게 중요한 기념일 중 유독 '3.1절'만이 숫자로 표기된 국경일이다. 제헌절이나 개천절, 한글날은 이름만으로도 그날의 뜻을 어느 정도 알 수 있으나, '3.1절'은 어린이나 외국인 등 잘 모르는 사람에게는 꼭 설명이 뒤따라야만 알 수 있다.

'3.1절'을 국경일로 정하여 기념하는 것은 '3월 1일'이라는 날짜가 중요해서가 아니라 그날에 일어났던 '국권회복 항일투쟁'이 중요하기 때문인데, 그러한 의미에서 보면 뭔가 본말(本末)이 전도된 듯한 느낌을 지울 수가 없다. 왜냐하면 숫자로만 표시했을 때 일반적으로 본래의 의미가 약화되거나 은폐하는 듯한 인상을 주기 때문이다. 비밀로 하여야 할 군 부대 이름을 예로 들면 '1234부대'로 칭하거나 정보기관 등의 부서 이름을 '1국'이나 '3국'처럼 숫자로 표시하듯 말이다.

따라서 '3.1절' 대신 본래의 의미가 잘 나타날 수 있도록 '국권 침탈 항쟁 기념일' 등으로 바꾸면 어떨까? '3.1절'을 지내면서 해 본 생각이다.

그래, 난 꼰대다 그래서 도대체 뭐 어쩌라구?

5.

Forgive, But Not Forget!

독일-이스라엘

1970년 12월 7일 '빌리 브란트' 전 서독 총리가 폴란드의 수도 바르샤바의 유대인 위령탑 앞에서 무릎을 꿇었다. 그는 그 자리에서 독일 민족을 대표해 나치의 유대인 학살에 대해 사죄했다. 나치의 폴란드인에 대한 악행도 있었지만 그 무엇보다도 유대인 피해자가 가장 많았던 '아우슈비츠' 수용소가 폴란드에 있었기 때문이기도 했었다. 당시 빌리 브란트 총리의 무릎 꿇고 사죄하던 모습은 전 세계인의 가슴에 큰 울림을 주었다. 그 이후 독일의 사죄는 정권이 바뀌어도 기회 있을 때마다 이어졌다.

브란트 총리의 사죄가 진정성이 있었던 것은 그가 나치 독일에 저항하고 노르웨이로 망명했던 당사자로서, 폴란드나 다른 지역에서의 전쟁 범죄에 전혀 가담하지 않았기 때문이기도 했었다.

2022년 6월 29일, 독일 법원은 101세의 나치 부역자에게 5년형을 선고했다. 그는 독일에서 나치 부역 혐의로 법정에 선 최고령자인데, 법원이 단죄한 것은 그의 강제 수용소 경비원 이력과 수용자 살해 방조 혐의였다. 역사 바로 잡기엔 시효가 없음을 독일이 보여 준 것이다. 독일은 진정한 사죄와 함께 전후 처리를 명확히 해 오고 있는 것이다.

독일의 진정한 사죄에 대해 피해국인 이스라엘은 어떻게 했을까? 이스라엘은 독일의 히틀러 치하에서 학살당한 600만 명의 유대인 넋을 기리면서, 이스라엘 국민들에게 강조했다. "용서하라, 그러나 잊지는 말라(Forgive, but not forget)." 이스라엘은 야드 바셈(Yad Vashem) 홀로코스트 역사 박물관 입구에 이 문구를 새겨 놓았다. 가장 큰 복수는 용서일 것이다. 그러나 그 용서의 배경에는 그러한 불행한 일이 다시는 일어나지 않고, 혹여나 재발한다면 가차 없이 응징하겠다는 뜻이 내포되어 있을 것이다.

이스라엘은 이제까지 4번의 중동전쟁에서 모두 승리했다. 주변국에서 감히 이스라엘을 넘보지 못한다. 만약에 지금 당장 독일과 이스라엘 간에 전쟁이 벌어진다면 어느 나라가 이길까? 이스라엘은 중동의 적대적인 국가들에 둘러싸여 있어 군비(軍備)를 계속 증강·발전시켜 왔다. 핵무기까지 확보하고 있는 것으로 판단되고 있는 이스라엘에 반하여, 독일의 경우는 소련 붕괴 및 냉전 체제 와해 이후 국방력이 크게 약화된 실정을 감안할 때, 어느 국가가 승리할지는 분명해 보인다. 세계 군사력평가에서도 독일의 군사력은 이스라엘에 한참

그래, 난 꼰대다 그래서 도대체 뭐 어쩌라구?

뒤지는 것으로 분석되었다. 핵무기를 제외한 재래식 무기에 의한 전투력만 고려해도 그렇다는 것이다.

이스라엘 사람들은 오로지 같은 비극이 반복되지 않기 위해 오늘도 "'마사다'와 같은 일은 다시는 없다(Masada Never Again)."는 말을 되새기고 있다. 히브리어로 '요새'라는 뜻의 '마사다'는 유대 사막 동쪽에 있는 거대한 바위 절벽으로 현재는 국립 공원으로 지정되어 있다. 이 요새는 유대인의 독립전쟁 시 유대인 마지막 저항군이 2년간이나 로마군과의 항전을 계속하다가, 포로가 되지 않고 욕됨을 당하지 않기 위해 모두 자결한 장소로서 유대인 결사항쟁의 상징이다. 이스라엘 사람들은 'Masada Never Again'을 외치면서 핵무장을 했고, 철벽의 방공망으로 불리는 '아이언 돔'을 개발했으며 세계 일류의 정보 기관으로 평가받는 '모사드'를 만들었다. 비록 2023년 10월 7일 새벽 하마스의 기습 공격으로 시작된 전쟁으로 이스라엘이 그동안 갖고 있던 명성들이 약간은 퇴색했어도 말이다.

대한민국-몽골, 중국, 일본

우리는 어떤가? 고려 시대로 돌아가 보자. 몽골은 6차례나 고려를 침입했고, 고려는 강화도로 궁을 옮기면서까지 약 30년간을 몽골의 침략과 갑질에 저항했다. 그러한 고려는 온갖 고난 속에서도 끝내 왕조를 지켜 냈다. 그 기간 동안 우리 한민족이 몽골에 얼마나 많은 고초를 겪었던가. 일반 백성 특히 여인뿐만 아니라 임금까지 수모를 당했다.

원나라는 약 80년간이나 고려에 공녀(貢女)를 요구했다. 원나라 황실과 귀족들은 후궁·궁녀·시첩·시비로 쓰기 위하여, 그리고 군사들은 집단적으로 혼인하기 위하여 처녀들을 요구하였다.[3]

고려에서는 과부처녀추고별감(寡婦處女推考別監)이라는 이름부터 특이한 임시 관서까지 설치하고 50여 회에 걸쳐서 공녀를 보냈는데, 원나라 황실에 공납된 처녀만 하더라도 150명이 넘는다. 그중에는 기황후(奇皇后)처럼 정식으로 황후가 된 사람도 있었으나 대부분은 궁녀가 되거나 고관들의 시중을 들었다. 나중에는 천대받고 내시에게 주어지거나 심지어는 노비로 전락하여 저잣거리에서 매매되기도 했다.[4]

특히나 비참했던 것은 충렬왕 때 일어났다. 원나라 세조 때 만주 지방에서 반란을 일으킨 내안(乃顏)의 무리에 속했던 '합단(哈丹)'이라는 부장이 원나라 장수 내만대(乃蠻帶)에게 패한 후, 무리를 거느리고 두만강을 건너 고려에 침입했다.[5] 몽골족이었던 합단의 무리들은 고려의 성(城)들을 파죽지세로 함락시키고 성안의 남자들은 어른·아이 할 것 없이 죽였으며, 여자들은 윤간했다. 그들의 극악한 만행은 하늘을 찔렀다. 『고려사절요』의 기록이다. "합단의 병사 수만명이 화주(和州: 함경도 영흥군), 등주(登州: 함경도 안변군) 두 주를

---

3 김재명, 「고려양」, 『한국민족문화대백과사전』, 한국학중앙연구원
4 이만기, 『우리 역사를 바꾼 조선의 하늘, 그 비밀코드로의 시간여행』, 좋은땅, 2021. 4.12
5 민병하, 「합단의 침입」, 『한국민족문화대백과사전』, 한국학중앙연구원

함락시킨 뒤 사람을 죽여 양식으로 삼았으며, 부녀를 잡으면 윤간한 후에 포(脯)를 떴다. ”[6]

나중에 원나라는 일본을 침공하기 위해 정동행성(征東行省)이라는 기관을 설치하면서 그렇지 않아도 피폐한 고려에게 병사는 물론 전쟁 물자까지 부담시켰다.

근래 대한민국이 부강한 선진국으로 도약하자 몽골인들은 '무지개의 나라'라는 뜻으로 한국을 '솔롱고스'라고 치켜세워 부르고, 한국과 몽골 간의 유사성 등을 내세우며 친근감을 강조하고 있다. 우리나라도 몽골과 선린 관계를 유지하고 있다. 그러나 과거의 역사에 대하여 어찌 우리가 잊을 수 있겠는가? 원나라에 끌려간 고려 처녀들의 한(恨)은 어떻게 풀 것인가? 합단 침입 시 윤간을 당한 후 필설로 차마 표현할 수 없는 능욕을 당한 부녀자들의 원한은? "역사를 잊은 민족에게 미래는 없다."라는 말을 우리 모두는 기억해야 한다.

고려 때의 상황이 지금과 같다면 몽골이 우리나라를 침략할 수 있었을까? 그야말로 언감생심(焉敢生心)이었을 것이다. 그 이유는 몽골과는 비교가 안 되는 국방력과 경제력이 우리에게 있기 때문이다. 2023년 몽골의 군사력 순위는 99위이고, 1인당 GDP는 우리나라가 33,393달러인데 비해 몽골은 4,814달러에 불과하다.

우리가 잊지 말아야 할 것은 몽골뿐만이 아니다. 중국과 일본은 더

---

6 충렬왕 16년(1290) 12월 2번째 기사 일부, 충렬왕 3권 21(국사편찬위원회 고려사절요
   https://www.bing.com/search?q=구글&cvid=c65d56de964a425ca2b2ecf9db6
   c8020&aqs=edge.0.69i64i450l4...4.22342329j0j4&FORM=ANAB01&PC=U531
   accessed 2023.8.2)

말할 것도 없다.

자기들 입장과 조금이라도 맞지 않으면 그때마다 행하는 겁박과 도를 넘는 무례한 외교적 언행 등 소위 전랑(戰狼) 외교와, 동북공정 등 우리나라 역사 및 문화 빼앗기를 시도해 온 중국, 정치지도자들의 야스쿠니 신사 참배와 독도 영유권을 끈질기게 주장하고 중장년 세대에서는 지금도 혐한 풍조가 강한 일본, 이 두 나라가 근래 하는 여러 가지 행태를 보면 그들의 본질은 달라진 것이 없다.

역사의 치욕을 되풀이하여 당하지 않으려면 우리가 변해야 한다. 이를 위해 우리 모두는 역사를 반추하면서 "Forgive, but not forget." 을 마음속으로 되새겨야 한다. 우리가 용서하지 않는다면 보복하는 것인데, 그 보복은 상대국의 또 다른 보복을 낳고 끝없는 불행이 계속된다. 우리로서 용서의 전제로는 우리 주권을 강탈했던 나라, 우리에게 고통을 안겨 준 국가들의 반성과 진정한 사과이며 이것이 무엇보다 중요하다. 또한 이들 나라들이 저지른 일에 대하여 모든 대한민국 사람들이 항상 기억하고 있다는 것을 알게 하여야 한다. 독일과 이스라엘이 역사의 매듭을 푸는 전범(典範)을 전 세계에 보여 주고 있듯이 말이다. 한편으로는 우리나라가 모든 분야에서 이들 나라들을 앞서야 한다. 무역 분쟁이나 외교 갈등이 발생했을 때 수출이 중요한 우리나라로서는 경제 제재 등 경제를 우선 생각하지만, 경제는 우리가 '먹고사는' 문제이다. 그러나 안보는 한민족이 '죽고 사는' 문제이므로 특히나 국방력만큼은 확실한 우위를 가져야 한다. 이스라엘처럼 말이다. 우리가 과거에만 집착할 수는 없다. 그래서도 안 된다. 그러나 과거를, 역사를 알아야 하는 것은 그 속에 우리가 나아가야 할 미래의 방향이 있기 때문이다.

6.
한민족의 전무후무할
세계적 명품 중의 명품, 한글

세종학당, 이 기구는 전 세계에 한국어를 알리고 교육하는 문화체육관광부 산하 조직인데, 근래 들어 전 세계적으로 그 수와 수강생이 급격하게 증가하고 있다.

이러한 세종학당의 폭발적 확대에는 무엇보다도 K-Pop, K-Drama, K-Movie, K-Beauty, K-Food 등 한류의 영향이 크다. 또한 경제 발전과 명실상부한 선진국 진입으로 우리나라의 국제적 위상이 급격히 상승함에 따라, 유학이나 취업 등의 목적으로 한국어를 배우려는 사람들이 많아진 것에도 기인한 것이다.

외국인들의 이러한 한국어 배우기의 기본은 한글이다. 우리가 현재 사용하고 있는 한글은 자음 14개, 모음 10개로서 한글로 표시할 수 있는 글자 수는 무려 11,172자에 달한다. 한글은 표음 문자이므로 소리 표현이 가능한 한국어는 8,800여 개나 된다. 반면에 일본어는 300개, 중국어는 400개에 불과하다. 그러다 보니 '코카콜라'는 중

국어로 '커커우커러(可口可乐)'로 발음하고, '맥도널드'를 일본어로는 '마쿠도나르도(マクドナルド)'라고 말한다. 이름이 길다 보니까 '마쿠도' 또는 '마쿠'라고 줄여서 부른다고 한다. 중국이나 일본 외의 외국인들이 들으면 도통 무슨 말인지 알 수는 있겠는가?

중국의 경우 문맹자 해소 등을 위해 일부 정치인이 한자 대신 한글 사용을 주장하기도 했으나 주변 사람들의 반대로 실행되지는 않았다. 일본도 자존심만 아니면 한글 도입을 내심 바라지 않았을까? 아마도 중국과 일본에서 우리나라의 문물 중 가장 부러워하는 것은 뭐니 뭐니 해도 한글일 것이다. 현재 인도네시아 중부 술라웨시 주 부톤 섬 바우바우 시에 거주하는 약 7만 명의 찌아찌아족, 솔로몬 제도 그리고 볼리비아의 아이마라족에서 한글 사용이 이루어지고 있다고 한다.

이러한 한글은 소리 표현뿐만 아니라 정보화 사회에서 PC나 휴대 전화 사용에 있어서의 편의성 면에서도 타 언어의 추종을 불허한다. 문자 한 통 휴대 전화로 보내려 해도 중국어와 일본어는 발음을 영어로 먼저 입력한 후 이에 맞는 해당 글자를 고르는 번거로운 절차를 거쳐야 한다. 한글은 아무런 장애 요소가 없다.

또한 한글은 로마자 알파벳과 달리 대문자, 소문자의 구별이 없고, 인쇄체와 필기체가 서로 다르지도 않다. 게다가 한글은 좌에서 우로 써도 되고, 우에서 좌로 써도 읽는 데 불편함이 없으며 하다못해 위에서 아래로 써도 무난히 읽을 수 있다. 유수의 세계적 학자들은 한글을 '세계 최고의 문자'라고 극찬하고, 우리나라의 경제 발전과 문화

융성에도 한글의 덕이 있다고 평가했다.

그러면 한글은 배우기 얼마나 쉬울까? 외국인들에게 한국어를 가르치는 전문 강사의 의견에 따르면 수업에 집중했을 경우 2시간이면 쓰고 읽을 수가 있다고 한다. 특히나 한글은 글자대로 발음하는 것도 배우는 데 있어 큰 장점이 아닐 수 없다. 영어의 경우 'a'는 apartment일 때는 '어(ə)', army일 때는 '아(á)', animal일 때는 '애(æ)'로 발음하기 때문에 처음 배우는 사람은 항상 발음 기호를 익혀야 한다. 게다가 '악센트'까지 더해서 말이다. 그러다 보니 우리나라의 문맹률은 0.2%에 불과한 반면 미국은 8%에 이른다. 이러한 한글은 근래 들어 디자인에까지 활용되고 있다.

세계인들이 극찬하는 명품 중의 명품 '한글'을 창제한 세종대왕께 다시 한 번 감사의 마음을 표하지 않을 수 없다. 특히 세종대왕의 애민 정신과 함께 한자를 아는 사람들만의 기득권을 먼저 임금이 타파했다는 점에서, 더욱 뜻깊은 우리 한민족의 문화유산이라 아니할 수 없다. 더구나 한글 창제와 관련한 기록을『조선왕조실록』과『훈민정음해례본』등에 남겨 놓은 것은 얼마나 천만다행인지 모르고 더더욱 고마운 일이다. 만일 그렇지 않았으면 중국에서 자기네 나라의 소수민족인 조선족이 쓰는 문자이므로 한글도 '중국 것'이라고 우기지 않겠는가?

7.
언제쯤 노벨문학상은
한국어를 품을 수 있을까?

한국어는 외국인들이 배우기에 어떨까? 물론 외국인의 경우는 자기 나라 말이 어디에 속하는지, 즉 인도-유럽 어족(Indo-European Language Family)인지 아니면 우랄 알타이(Ural-Altai) 어족이냐에 따라 다를 수 있다. 문법상 핵심이 어순(語順)이냐 아니면 조사(助詞)냐 하는 것이 큰 차이점이라고 볼 때, 모국어가 우랄 알타이 어족에 속한 언어인 외국인의 경우 인도-유럽 어족 언어 사용 외국인에 비해 한국어 습득이 상대적으로 덜 어려울 것이다. 그러나 어느 쪽에 속하든 한국어의 특수성을 감안할 때 한국어는 다른 외국어에 비하여 배우기 어려운 언어임에는 틀림이 없다. 특히 의성어, 의태어 그리고 굳이 표현을 만들면 의심어(擬心語)가 너무나 많기 때문이다.

우선 조사 한 글자만 가지고도 그 뜻이 천차만별이 된다. "당신 넥타이 멋있어."라고 하면 다른 것은 모르겠고 '넥타이가 멋있다'는 말로 넥타이에 방점이 찍힌 말이 되고, "당신 넥타이는 멋있어."라고 하면 다른 것은 별로라는 뜻을 내포하고 있는데 더 솔직하게, 강하게 표현하면 '당신 넥타이만 멋있어'가 된다. "당신 넥타이도 멋있어."라거나 "당신 넥타이까지 멋있어."라고 하면 모든 것이 다 좋다는 표현이 된다.

의성어나 의태어를 보면 '보글보글'은 찌개 등이 끓는 소리, '부글부글'은 속 터져 죽을 지경인데 아무 말 못 하는 심정, '바글바글'은 사람이나 곤충 등이 많이 밀집되어 있는 상황, '빠글빠글'이나 '뽀글뽀글'은 머리 파마의 웨이브를 작게 많이 한 상태를 나타낸다. '뒤죽박죽', '그냥저냥'이나 '그럭저럭', '이러나저러나' 또는 '이러쿵저러쿵' 같은 의미의 외국어 표현이 있을까? '코웃음'이나 "콧방귀나 뀌겠나?"라는 말은 어떻게 번역할까? 색깔 표현을 보자. '붉다', '검붉다', '빨갛다', '새빨갛다', '불그레하다', '불그스름하다' 등 예를 들자면 한도 끝도 없다. '따듯하다'와 '따뜻하다'는 어느 것이 맞는 단어일까? 둘 다 정답이다. '따듯하다'는 덥지 않을 정도로 온도가 알맞게 높다는 뜻으로 '따뜻하다'보다 여린 느낌을 주는 것으로『표준국어대사전』에서는 풀이하고 있다. 우리 한국인도 헷갈리는 것을 외국인들이 감(感)이나 잡을 수 있을까? 기간을 표현하는 데도 예를 들면 '3개월'이 있는가 하면 '석 달'도 있고 '세 달'도 있다.

한국어에서 외국인들이 더욱 어렵게 느끼는 부분은 존경어와 심리 상태를 나타내는 말일 것이다. "이곳에 쓰레기 버리지 마(라).", "이곳에 쓰레기 버리지 마시오."는 명령조 표현이다. "…버리지 마세요."는 중간 정도의 표현이고, 존경의 의미를 담으면 "…버리지 말아 주세요."라고 말한다. 우리말에 친구 등에게 옛날에 많이 썼던 '…하시게'라는 표현이 있다. 존경어인지 평범한 말인지 구분하기 애매하다. 그러나 숨은 뜻은 동등한 관계이지만 존경한다는 의미가 아니겠는가. 이러한 섬세한 표현의 존경어가 외국어에도 있을까?

그러면 속마음을 나타내는 표현은 어떨까? '울적하다', '답답하다', '떨떠름하다', '짠하다'는 말은 한국인이 들으면 금방 그 사람의 심정을 그대로 느끼는데, 외국 사람들도 같은 감정을 가질 수 있을까? '찡하다'는 말은 외국어로 번역하면 그 단어가 가지고 있는 감성이 제대로 전달될 수 있을까? '먹먹하다'는 가슴 아픈 일 등이 있을 때 느끼는 감정이고, '막막하다'는 곤경에 처했으나 해결 방법이 보이지 않을 때 갖게 되는 심리상태의 표현인데 이 또한 마찬가지이다. '께름칙하다', '미적지근하다'는 의미의 표현은 외국어에 있기나 할까? '흐뭇하다', '구성지다', '쪼잔하다'는 표현은 또 있을까? '눈치'라는 말은? '길치', '음치'는 바로 이야기할 수 있지만 '눈치'라는 표현은 부연 설명이 필요하다. 국물 맛을 보고 '칼칼하다'라거나 뜨거운데도 마시면서 "아! 시원하다."라고 하는 표현은 있지도 않을뿐더러 번역해도 제맛이 나오지 않을 것이다. 필자가 외국에서 생활할 때 가장 큰 애로점은 병원에 갔을 때 의사에게 나의 몸 상태를 어떻게 제대로 전달하느냐 하는 것이었다. 속이 '더부룩하다', '메슥메슥하다' 또는 '메슥거리다', '뻐근하다' 등의 상황을 어떻게 표현할까 고민이 아닐 수 없었다.

이렇게 다양한 의성어, 의태어, 의심어들은 한자식 표현이 아니라 모두가 순수한 우리말이다. 말이 복잡하고 많다는 것은 그만큼 역사와 문화가 깊고 심오하기 때문이다. 한국어의 이러한 세밀한 감성과 감정 표현 그리고 상황 설명을 제대로 알고 한국어를 구사하기는 결코 쉬운 일이 아니다.

우리말의 어휘 수는 영어의 5배 정도로 많다고 한다. 이렇게 단어 수가 많고 다양한데도 논리에 맞지 않거나 상황과 어긋나는 말을 할 때 "말도 안 돼.", "말이 되는 소리를 해야지."라고 하니 외국인들이 한국어를 배우는 것은 참으로 어려울 것이라는 생각이 다시금 든다. 이러니 미국 국무부에서 외교관용으로 만든 '직무능력 평가서'에 외국어 중 한국어의 경우 어느 정도 숙달될 때까지는 88주가 걸릴 정도로 세계에서 최고로 배우기 어려운 언어라고 평가했을 정도다. 한글은 세계에서 가장 배우기 쉬운 문자인 반면에, 한국어는 세계에서 가장 배우기 어려운 언어인 셈이다. 우리나라에서 노벨문학상이 아직까지 나오지 않는 것은 작품의 우수성이 떨어지는 것이 아니라 정교하고 세밀한 한국어의 표현을 제대로 번역할 수 없어서이지 않을까 싶은데 필자만의 생각일까?

8.
한강의 기적? 그 무슨 소리!

빈곤을 넘어 풍요로

우리나라가 6.25 전쟁의 폐허를 딛고 비약적인 경제 발전을 이루자, 외국에서는 이를 '한강의 기적'이라 부르고, 또한 한때는 우리나라를 대만, 홍콩, 싱가포르와 함께 아시아의 '네 마리 용'으로 칭하기도 했었다.

'한강의 기적'이라는 칭호는 독일이 제2차 세계 대전 후 패전국으로서, 여러 가지 어려움을 극복하고 경제 부흥을 이룬 것을 '라인강의 기적'이라고 칭송한 데서 유래한 말이다. 설령 우리나라의 경제 발전을 '한강의 기적'이라고 하더라도 독일과는 엄연한 차이가 있다. 독일은 연합국에 패하긴 했지만 이미 1905년에 잠수함을 건조하였고, 제2차 세계 대전 당시에는 세계 최초의 탄도미사일인 액체연료로켓 'V-2'를 개발하여 실전에 사용했을 정도의 기술력과 경제력을 갖고 있었다.

우리 속담에 "부자는 망해도 3년 먹을 것이 있다."라는 말이 있듯이 독일은 두 차례의 세계 대전에서 패했더라도 다시 일어설 수 있는 기반이 있었고, 또한 제2차 세계 대전 후 당시 미국의 국무장관이었던 조지 마셜이 제안했다 하여 '마셜 플랜'으로 더 잘 알려진 '유럽부흥계획(ERP, European Recovery Program)'도 큰 도움이 되었다.

그러면 우리나라 대한민국은 어떠했는가? 한반도에 있었던 거의 모든 자원을 싹쓸이하다시피 가져갔던 참혹한 일제강점기를 거치고 어렵게 국권을 회복한 후, 대한민국 정부가 자리 잡을 새도 없이 일어난 '6.25'라는 동족상잔(同族相殘)의 비극으로, 우리 한민족의 터전은 그야말로 쑥대밭이 되어 버렸다. 초토화된 국토에서 우리 국민들은 빈손으로 시작한 것이다. 그야말로 가진 것은 사람밖에 없었던 상황에서 우리 한국인들은 배를 곯아 가며, 밤잠을 설쳐 가며 모두가 노력한 끝에 경제 건설을 이룰 수 있었다.

어릴 때 아무 뜻도 모른 채 방송 등에서 자주 들었던 「미 공법(公法) 480호」, 즉 미국 정부가 잉여 농산물 재고 처리 등을 위해 제정한 「농업 교역 발전 및 원조법(Agricultural Trade Development and Assistance Act)」 덕분에 우리나라 국민들은 허기진 배를 조금이나마 채울 수 있었다. 필자의 경우 지금은 초등학교로 이름이 바뀐 국민학교 학생 시절 미국이 원조한 분유를 학교에서 배급받으면 집에서 쪄서 말린 후 딱딱해진 우유 덩어리를 입에 물고 다니며 빨아먹던 기억이 지금도 생생하다.

한국전쟁이 끝난 후 외국의 전문가들은 우리나라를 "영원히 가난한 나라로 남아 있을 절망의 땅"이라고 진단했다. 그 이유로는 나이지리아, 가나, 필리핀과 비교했을 때 이들 나라들은 따뜻한 기후와 풍부한 자연 자원 덕에 발전할 수 있는 데 반해, 대한민국은 태생부터 척박한 자연환경에 그마저도 이제는 전쟁으로 완전히 파괴된 점을 지적했다.

이렇듯 우리의 경우는 변변한 자원이나 특별한 기술력 없이 거의 국민들의 눈물과 피땀으로 경제발전의 기초를 쌓았다. 통속적인 표현을 빌리면 '맨땅에서 헤딩'하여 좋은 결실을 맺은 것이다.

1960년대 주요 수출품은 중석, 오징어 등 광물과 수산물이 주였고, 1970년대에는 섬유와 신발, 합판 등이었다. 이 시기 가발 수출을 위해 마을마다 엿장수들이 머리카락을 엿과 바꿔 사 모았고, 징코민의 원료라 하여 공중화장실의 남자 칸에는 소변 받는 통도 있었다. 지금은 우리나라가 반도체, 휴대전화, 자동차, 원전, 선박, 가전 등 첨단제품의 수출 주력국이 되었으며, 총 하나 제대로 만들지 못했던 상황에서 K2전차, K9자주포, 천무 다연장로켓, 잠수함 및 경공격기 등의 주요 무기 수출국이 되었다.

이제 한국은 세계적으로 인정받는 경제력, 과학기술 혁신 역량, 군사력, 방산 수출 능력을 가지게 되었으며, 또한 2020년대 들어 폭발적 영향력을 과시한 한류 특히 K-Pop, K-Drama, K-Movie, K-Food, K-Beauty 등 K-Culture를 전 세계에 확산시키며 소프트파워(Soft Power) 면에서도 세계 선두권에 자리 잡게 되었다.

저력의 근간

우리나라 『표준국어대사전』에 보면 기적(奇蹟)은 "세상에 드문 신기로운 공적"이라고 정의되어 있다. 우리나라가 제2차 세계 대전 후 후진국에서 선진국으로, 원조 수혜국에서 원조 공여국으로 도약한 유일한 나라인 것은 분명히 세상에서 보기 드문 일임에는 틀림이 없다.

그러나 '신기로운 공적'이라는 말에는 동의할 수 없다. 왜냐하면 우리 국민 모두가 흘린 피와 눈물, 그리고 땀이 제대로 평가되지 않고 묻히기 때문이다. 우리가 베트남전에서 흘린 젊은 병사들의 피를, 파독 광산 근로자들의 고난과 간호사들이 병원에서 시신을 닦으면서 흘린 눈물을, 그리고 중동 사막의 열사(熱砂) 위에서 파견 근로자들이 흘린 땀을 어찌 잊을 수 있겠는가? 고향을 떠난 젊은 처자(處子)들이 봉제 공장 등에서 24시간 교대로 일하며, 고향에 남은 가족들을 먹여 살리고 동생들을 대학에 보낸 그 공(功)을, 연습생으로서 수년간 뼈를 깎는 훈련을 견디면서 세계적으로 인정받는 K-Pop 가수로 태어난 젊은이들의 노력과 인내를 기억해야 하지 않겠는가. 이 모든 것들이 대한민국의 재건과 선진국으로의 진입, 그리고 세계적 경제 강국, 과학기술 강국, 군사 강국, 문화 강국으로 도약하는 데 있어 초석이 되었음은 그 누구도 부인할 수 없다.

우리나라가 70여 년 만에 세계 강국으로, 어느 국가도 함부로 대할 수 없는 나라가 된 데에는 그 바탕에 ESG가 있다. 요즘 기업 경영의 주요 축으로 대두된 ESG(Environment, Social, Governance)가 아니라, 한민족만의 ESG, 즉 교육(Education), 과학기술(Science and Technology), 그리고 우리 민족의 천재성(Genius)을 뜻한다.

교육에 대한 열정은 근래에만 있었던 것은 아니다. 고구려의 태학, 통일 신라의 국학, 고려의 국자감, 조선왕조에서의 성균관 등의 고등 교육 기관이 체계적으로 운영되었다. 조선왕조의 연산군도 심각한 기근 상황임에도 불구하고 성균관 유생들은 밥을 굶기지 말라는 어명을 내렸다. "학교는 인재를 양육하는 곳이므로 비록 흉년을 맞았지만 아무 하는 일 없이 먹기만 하는 예가 아니니, 유생들에게 음식 먹이는 비용을 줄이지 말라."[7]

우리 한국인들은 전쟁 통에도 피난지에서 천막을 치고 자녀들을 가르쳤고, '우골탑(牛骨塔)'이라는 말이 나올 정도로 전 재산을 팔아서까지 대학 교육을 시켰다. 이렇다 보니 미국 등 주요 선진국들의 경우 대학 진학률이 30% 내외에 불과하지만 우리나라는 70% 이상에 달한다. 심지어 해외로 이주한 교민들도 정착하면 학교부터 세우고 우리 역사와 한글을 가르쳐 한민족의 정체성을 이어 나갔다.

이러한 교육 기반을 바탕으로 과학기술의 획기적 발전을 이루어 냈다. 1964년 과학기술처의 창설, 대덕 연구 단지 건설 및 산업계와 국방 분야에서의 연구 개발을 촉진하여 우리나라를 세계적 과학기술 강국으로 만들고, 이를 토대로 강한 경제력과 국방력을 갖추게 되었다. 이의 바탕이 된 우리나라의 '교육 중시', '과학기술 중시' 철학

---

7   연산 7년(1501) 8월 6일(신해) 1번째 기사, 연산군일기 41권(국사편찬위원회 조선왕조실록 https://sillok.history.go.kr/id/kja_108006_001 accessed 2023.3.4)

은 정부 조직에도 반영되어 있다. 부총리제이다. 현재는 경제부총리와 교육부장관이 맡는 사회부총리가 있는데, 전에는 교육부총리라 불렀으며 경제부총리와 함께 오랫동안 교육부총리제가 유지되고 있다. 한때는 과학기술부와 통일부도 부총리부처이었었다. 현재는 과학기술정보통신부가 부총리부처는 아니지만 부처 서열상 기획재정부, 교육부에 이어 3위 부처이다. 다른 나라의 경우를 보면 영국은 현재 법무부장관이, 폴란드는 국유재산부장관과 함께 국방부장관이 부총리인 것이 우리나라와 비교된다.

이러한 교육 진흥과 눈부신 과학기술의 발전에는 우리 한민족의 우수성, 천재성이 밑바탕이 되었음을 강조하지 않을 수 없다. 우리나라 국민의 평균 IQ는 세계 선두권에 있다고 한다.

따라서 우리 한민족의 DNA 속에 깊이 뿌리박혀 있는 ESG 인자(因子)와 전 국민의 노력으로 이루어진 현재의 대한민국을 '한강의 기적'을 만든 나라라고 평가하는 것은 적절하지 않은 것이다.

9.
이제는 우리도 기준을
잡아야 하지 않을까요?

지명 이야기

인도의 시성(詩聖)이라 일컬어지는 타고르는 우리나라를 '동방의 등불'로 불렀다. 중국에서는 옛날에 좋은 의미든 그렇지 않든 우리나라를 칭할 때 '동(東)' 자를 붙였다. '동이족(東夷族)'이나 '동방예의지국'처럼 말이다. 그러다 보니 조선왕조에서도 우리나라를 중국의 시각에서 보아 우리 스스로 '동국(東國)'이라 생각했다. 그래서 각 도의 지리·풍속과 그 밖의 사항을 기록한 대표적 관찬 지리서를 『동국여지승람』으로, 우리나라의 세시 풍속들에 대해 기록한 책은 『동국세시기』로 이름 붙였다. 우리가 우리나라를 칭할 때 '동쪽의 국가'로 부르면 맞는 말인가? 중국을 기준으로 생각한 것은 이치에 맞지 않는 표현인 것이다.

우리가 부르는 세계 지역 이름을 보자. 튀르키예, 레바논, 시리아,

이라크, 이스라엘 등의 지역을 영어로 'Near East'로 표현하고 있는데, 우리는 이를 직역하여 '근동(近東)' 아시아로 부른다. 'Near East'는 그야말로 '유럽에서 가까운 동쪽'이라는 뜻이므로 우리는 근동으로 호칭해서는 안 된다. 중동(Middle East)도 마찬가지이다. 현재 중동으로 일컬어지는 지역이 어떻게 아시아의 동쪽 중앙이란 말인가? 로마가 그리고 영국이 대 제국이었을 때 동쪽에는 인도나 중국밖에 머릿속에 없었을 터이니 위치상 서아시아 지역은 중동으로 표현했을 것이다. 따라서 우리의 입장에서는 근동이 아니라 '극서 아시아'로 불러야 한다. 서양에서 우리 지역을 '극동 아시아(Far East)'로 부르는 것처럼 말이다.

같은 맥락에서 우리나라의 지명 표기 및 발음도 우리식으로 해야 한다. 지금은 많이 고쳐졌지만, 전에는 부산을 'Pusan'으로, 대전을 'Taejeon'으로 그리고 김포를 'Kimpo'로 표기했었다. 'ㅂ'을 'ㅍ'으로, 'ㄷ'을 'ㅌ'으로, 'ㄱ'을 'ㅋ'으로 한 것은 외국인의 발음에 맞춘 것이었다. 지하철의 도착역 안내 방송도 한때는 그랬었다. 왜 우리나라 도시의 영문 표기나 발음을 외국인에 맞추어야 하는가? 국명이나 지역명도 이제는 우리나라가 중심이 되어 생각하는 것으로 바뀌어야 하지 않을까?

필자가 주 독일 한국 대사관에 근무할 때 업무차 중부 독일에 위치한 비스바덴(Wiesbaden)이라는 도시의 시청에 갈 일이 있었다. 당시는 지금처럼 내비게이터가 없어서 지도에 의존해야만 했는데, 도로 표지판을 놓치면 차를 세우고 행인에게 물어볼 수밖에 없었다.

'비스바덴'으로 가는 길을 묻는데 그 독일인은 거꾸로 'Wiesbaden'이 어디냐고 되묻는 것이었다. 'W'의 독일어 발음은 'ㅂ'과 'ㅇ' 사이의 소리인데, 우리 한국인들이 영어의 'th' 발음처럼 원어민같이 소리 내기는 어렵다. 그래서 최대한 그들의 발음에 가깝게 말을 했는데도, 그 독일인은 알아들었으면서도 외국인 특히 동양인이 물어보니까 못 알아들은 척 한 건지 정말로 못 알아들은 것인지는 모르겠으나, 계속 같은 말만 되풀이하였다. 그래서 할 수 없이 종이에 써서 보여 주었더니 그때서야 가는 길을 알려 주었다.

어렵사리 비스바덴에 도착하여서도 똑같은 일이 벌어졌다. 시청은 독일어로 'Rathaus'이다. 우리에게는 'R' 발음이 능숙하지 않아 정확하게 표현하지 않아서 그랬는지 독일인이 도저히 이해를 못하는 것이었다. 영어로 해도 안 통해서 시청이 하는 일을 이야기했더니 그때서야 그는 알아들은 것처럼 알려 주면서 한마디 했다. "자기는 '시청'이 아니라 '쥐 집'으로 알아들었노라"고. 시청인 'Rathaus'의 'Rat'는 협의·상담·심의·의회 등을 의미하는데, 그는 필자의 말을 'Rattehaus'로 알아들었다는 것이었다. 'Ratte'는 쥐를 뜻한다. 그러니까 그의 말을 곧이곧대로 믿는다면 필자가 '쥐 집'을 찾는다고 하니 이해 못 할 것은 뻔한 일. 그는 필자가 느끼기에 조금은 기분 나쁜 어투와 표정으로 두 단어를 발음하면서 자기처럼 하라는 제스처를 취하기도 했다. 필자가 듣기에는 두 단어 똑같이 들렸는데 말이다. 두 독일인은 아마도 정확한 독일어 발음으로 독일의 도시나 건물 이름을 말할 것을 원했는지도 모른다.

고려 태조 왕건은 자손들을 훈계하기 위해 태조 25년(942) 몸소 지은 열 가지 유훈, 즉 『훈요십조(訓要十條)』를 남겼다. '훈요 4조'에서 태조는 이렇게 말했다. "우리 동방은 예로부터 당(唐)의 풍속을 숭상해 예악문물(禮樂文物)을 모두 거기에 좇고 있으나, 풍토와 인성(人性)이 다르므로 반드시 같이할 필요는 없다. 더욱이 거란(契丹)은 금수의 나라이므로 풍속과 말이 다르니 의관 제도를 본받지 말라."[8] 태조는 생각 없이 외국의 문물이나 사상에 경도되는 것을 경계한 것이다.

떡볶이와 코리안 바베큐

우리 문화 특히 음식 이름에 대해서는 우리가 부르는 고유 이름대로 표기하고 자세한 설명을 붙여야 한다. 외국인들이 들리는 식당 등에서 식단표를 보면 많은 경우에 삼계탕은 'chicken soup', 떡은 'rice cake', 어묵은 'fish cake'로, 그리고 전 등은 'Korean pizza'로 표시되어 있는데, 식단표에 아무리 그림이 같이 있어도 외국인들이 실제 음식 내용을 제대로 알 수 있겠는가? 외국인들이 좋아하는 삼겹살 구이나 불고기를 그냥 'Korean barbecue'로 표현해서는 안 된다.

어느 TV 예능 프로그램에서 외국인이 추운 겨울날 강남 고속버스 터미널 식당 앞에서 김이 모락모락 나는 어묵탕을 보고는, 먹어 보고 싶은 마음에 음식 이름을 묻는데 영어로 'fish cake'라는 답을 듣자, 생선 비린내가 날까 봐 망설이다 먹기를 포기하는 장면도 있었다.

---

8 정학수, 「훈요십조」, 『한국민족문화대백과사전』, 한국학중앙연구원

한류가 전 세계를 휩쓰는 상황에서 'K-Food' 역시 중요한 한민족의 문화 상품이다. 많은 외국인들이 즐겨 먹는 비빔밥, 김밥, 떡볶이처럼 우리가 부르는 이름대로 외국인들에게 알려야 한다. 이래야 중국의 문화 공정이나 일본의 문화 왜곡을 막을 수 있지 않겠는가. 이탈리아의 피자나 파스타, 일본의 스시, 미국의 햄버거 등이 세계인의 공통어로 정착한 사례가 우리에게 좋은 교훈이 될 것이다.

역사 인식의 전환

다른 한편으로는 우리 역사에 대한 인식의 재설정(Reset)이다. 우선은 최근의 상황과 연계시켜 생각해 보자. 2022년 2월 러시아의 우크라이나 침공 후 우크라이나는 계속하여 우리나라에 살상 무기 지원을 요청하고 있다. 같은 해 폴란드는 우리나라로부터 대규모의 방산 물자를 수입했다. 그런데 이 두 나라가 우리나라를 자기들 나라와 마찬가지로 주변국들로부터 침략만 받아 온 것으로 인식하고 동류의식을 내비치곤 하는데 필자가 듣기에는 조금은 마음이 불편하다. 우리 스스로도 역사상 주변국 한 번 침략하지 않고 항상 침략만 받아 온 민족으로 생각하고, 대외적으로도 그렇게 표현해 왔다. 그것은 아마도 힘없고 작은 나라라 주로 핍박을 받았으나, 모두 이겨 냈다는 점을 강조하다 보니 그렇게 되었으리라.

이리 차이고 저리 차이고, 앞에서 두들겨 맞고 뒤에서 까이고…, 한민족이 이런 민족이었던가? 전혀 그렇지 않다. 고구려 광개토대왕 때는 많은 정복 전쟁을 통해 일생동안 64개 성 1,400여 촌락을 복속시키고 고구려의 강역을 크게 넓혀 '광개토(廣開土)'라는 시호까지 붙었다.[9] 고구려가 벌인 대외 정복 전쟁은 중국의 길림성 집안현에 있는 광개토대왕릉비(碑)에 고구려 건국 과정과 함께 자세하게 기록되어 있다. 얼마나 자랑스럽고 당당했으며, 후손에게 알리고 싶었으면 임금의 공덕비에 남겼을까. 고구려는 수나라와 4차례 전쟁을 벌여 승리함으로써, 수나라의 국력 쇠퇴와 내전을 촉발하였다. 두 번째 전쟁은 을지문덕 장군이 대승을 거둔 살수대첩으로 유명하다.

고려 말 우왕 때는 원나라에 이어 중국에 새로 들어선 명나라가 현재 강원도와 함경도의 경계인 철령 이북의 땅을 차지하려고 하자 요동 공격을 시도했다. 그러나 폭우와 당시 고려 말의 여러 정치적 상황으로 위화도에서 회군하는 바람에 명나라와의 전쟁은 중도에서 접었다. 세종 때에는 이종무로 하여금 대마도를 정벌케 했다. 이와 같이 우리 한민족은 주변국이 우리에게 피해를 줄 때는 적극적으로 전쟁을 벌였다. 특히 나라가 외침에 의해 망했을 경우에는 완전히 무릎을 꿇었던 것이 아니라 적극적으로 대항하여 새로운 한민족 국가를 세웠다.

단군 조선이 한나라에 의해 멸망되었을 때는 한나라와 전쟁을 벌여 부여와 고구려를 건국했고, 고구려가 당나라에 패망했을 때는 고구려의 고토에서 발해를 세웠다.

---

9   교과서 속 우리역사, 정복왕 광개토대왕(국사편찬위원회 우리역사넷 https://contents. history.go.kr/front/ta/view.do?levelId=ta_m71_0030_0020_0010_0010 accessed 2023.7.3)

그런데 한민족이 수많은 외침만 당했다고 하는데 그 횟수는 학자마다 큰 차이가 있다. 936회, 970회, 1,000여 회, 3,000여 회까지 여러 숫자가 난무한다. 이렇게 외적의 침입 횟수가 많았다면 우리가 역사에서 배운 전쟁을 많이 알고 있을 것이다. 그러나 5,000여 년의 한민족 역사상 우리가 크게 손꼽을 수 있는 전쟁은 한나라의 단군 조선 침입, 수나라의 고구려 공격, 당나라의 백제·고구려 침공, 몽골의 고려 침입, 조선왕조 때의 임진왜란과 병자호란 그리고 일본의 국권 강탈 등이다. 따라서 외적 침입 횟수가 많은 것으로 나타난 것은 아마도 삼국 시대 고구려, 백제, 신라 간의 전쟁, 즉 한민족 간의 전쟁과 왜구나 여진족 등의 노략질 등을 규모에 관계없이 전부 포함하지 않았나 싶다.

우리나라가 대륙에서 멀리 떨어진 외딴 섬나라가 아닌 이상 인접국과의 전쟁은 불가피하고 그러한 현상은 유럽 등에서도 마찬가지이다. 우리 민족의 왕조들이 500년, 1000년까지 이어질 수 있었던 것에 비하여 유럽이나 중국 등의 왕조가 로마제국 등을 제외하고 대부분 몇십 년, 길어 봐야 2~3백 년에 그쳤다는 것은 권력 투쟁 등 내부 분열 외에도 그만큼 국가로서는 치명적인 전쟁이 많았다는 증거라 할 수 있다. 중국의 영문 명칭인 'China'가 유래한 나라 '진(秦)', 중국을 통일했던 진시황이 문을 연 그 진나라는 존속기간이 15년에 불과했다.

중국은 당나라 때 토번(티베트)과 돌궐의 침략에 시달렸고, 당시 수도였던 장안까지 토번에 의해 함락되기도 했었다. 후에는 다른 민족인 몽골족과 만주족에 의해 장기간 통치 당하기까지 했다. 원나라는 97년간, 청나라는 268년이나 된다. 중국이 자랑하는 만리장성은 북쪽의 이민족, 즉 중국의 표현대로 하면 흉노, 돌궐, 고구려 등의 동이족 침입을 막기 위한 것이었다. 중국에는 '춘추필법(春秋筆法)'이라는 것이 있는데 3가지 원칙을 중요시한다. 역사를 기술함에 있어 중국은 높이고 외국은 깎아내리는 '존화양이(尊華攘夷)', 중국역사는 상세히 기술하고 외국사는 간단히 기록하는 '상내약외(詳內略外)', 그리고 중국을 위해 중국의 수치는 숨기는 '위국휘치(爲國諱恥)'를 말한다. 이런 영향을 받아서일까, 중국은 다른 민족에게 침략당한 정도가 아니라 오랜 기간 통치를 받았음에도 이를 부각시키지 않는다.

냉정히 바라보기-과대평가 대(對) 과소평가

관광객이든 국내에 장기 거주하는 외국인이든 외국인이 말을 걸면 대부분의 경우 그 사람이 한국어를 못할 것으로 짐작하고 우선은 영어로 답을 한다. 그러면서 영어가 능숙하지 않으면 조금은 주눅이 들고 미안한 마음마저 갖기도 한다. 그것은 아마도 우리나라를 찾아온 손님에 대한 정(情) 또는 친절해야 한다는 마음에서 우러나온 것이리라. 그러나 냉정히 생각해보면 우리가 영어 못한다고 왜 위축되어야 하는가? 우리 한국인이 모국어가 아닌 영어 못하는 것은 당연하다. 외국인이 한국어 못하는 것처럼 말이다.

그래, 난 꼰대다 그래서 도대체 뭐 어쩌라구?

현실적인 면에서 유럽인들은 한국인이 일본어 등 우랄 알타이 어족(語族)에 속하는 언어를 빨리 배우는 것처럼 인도-유럽 어족에 속한 언어를 쉽게 습득한다. 영어를 비롯하여 특히 인접국의 언어를 빠르게 터득하는 것이다. 그 이유는 같은 어족이라서 뿐만 아니라 지리적, 지형적 조건도 이에 한 몫 한다. 우리나라처럼 산이나 강으로 막혔거나 남북분단 등으로 외딴 섬 같은 것이 아니라 대부분 평원지대이므로 민족이동과 민족 간의 교류가 활발하여 타 언어와의 접촉이 왕성하였기 때문이기도 한 것이다. 특히나 전쟁 등으로 국경선이 자주 바뀌다보니 그러한 현상은 더욱 강하게 나타났다. 그러다보니 스위스는 3개 언어, 즉 독일어, 프랑스어 및 이탈리아어가 공식 공용어이기도 하다.

이에 따라 외국인 특히 서유럽 사람들이 자국어 외에 인접국들의 말을 잘하는 것을 자랑삼아 이야기하곤 하는데, 한국인들이 이를 보고 부러워하거나 기죽을 이유가 전혀 없다. 같은 인도-유럽 어족이기 때문에 문법이 같고, 단어도 상당히 유사하다. 예를 들면 '거리'라는 단어는 독일에서는 'Strasse', 네덜란드에서는 'straat', 도버 해협을 건너 영국에 가면 'street'가 된다. 독일어로 성(城)을 뜻하는 '부르크(Burg)', 함부르크(Hamburg)처럼, 이것이 프랑스로 가면 '부르(bourg)'가 되어 스트라스부르(Strasbourg)가 되며, 영국으로 가면 '버러(burgh)'가 된다. 에든버러(Edinburgh)처럼. 이러니 인접국 언어 배우기가 쉬울 수밖에 없다. 심지어 스페인과 포르투갈은 각자가 자국의 모국어를 써도 대충 알아듣는다는 것이다. 과장해서 표현한다면 서울 사람이 제주도나 함경도 사투리를 이해하고 대화하는 것이나 마찬가지라고나 할까. 따라서 우리가 외국인들 특히 유럽 사람들의 외국어 능력을 과대평가하는 것은 아닐까?

2023년 현재 대한민국은 세계 10위권의 경제 대국, 5위의 과학 기술 혁신 강국, 6위의 군사 강국 그리고 세계 선두권의 문화 강국이 되었음에도, 아직 일부 외국인들 특히 장년층 이상의 사람들은 우리나라를 한국 전쟁 후의 폐허 위에서 어느 정도 경제를 성장시켜, 속된 말로 '목에 풀칠은 하는 정도'에 동남아 국가와 비슷하거나 조금 나은 상태로 인식하고 있는 현실을 부정할 수 없다. 집에서 삼성이나 LG의 가전제품을 많이 쓰면서도 정작 그것들이 대한민국 제품이라는 것을 모르는 사람들이 많다는 사실이 이를 뒷받침한다. 특히나 대한민국이 유럽 대륙에 있다면 독일, 영국, 프랑스에 이어 4위 내지 이탈리아 다음의 5위에 해당하는 국력을 가지고 있음에도 말이다. 그 이유로는 한국에 대하여 관심이 없거나 그로인해 우리나라를 잘 알지 못하는 것 등을 들 수 있을 것이다.

미국 및 NATO 가입국들을 비롯한 유럽의 여러 나라들은 '우-러' 전쟁 발발 후 우리나라를 재인식 했을 것이다. 서유럽의 국가들 특히 군사무기 제조 선진국인 독일, 프랑스 및 영국 등은 한국의 첨단 군사장비 기술력과 제조 능력에 놀랐을 것이다. 이제까지 외국인 특히 유럽인들은 대한민국의 국력과 위상을 과소평가해 왔던 것은 아니었을까?

단재 신채호 선생은 우리가 외국의 문물이나 제도 등을 받아들일 때

주관이 없는 것에 대하여 '낭객의 신년만필(新年漫筆)'이라는 1925년 1월 2일 자 「동아일보」 칼럼에서 이렇게 말했다. "…우리 조선 사람은 매양 이해(利害) 이외에서 진리를 찾으려 하므로 석가가 들어오면 조선의 석가가 되지 않고 석가의 조선이 되며, 공자가 들어오면 조선의 공자가 되지 않고 공자의 조선이 되며, 무슨 주의가 들어와도 조선의 주의가 되지 않고 주의의 조선이 되려 한다. 그리하여 도덕과 주의를 위하는 조선은 있고, 조선을 위하는 도덕과 주의는 없다. 아! 이것이 조선의 특색이냐, 특색이라면 특색이나 노예의 특색이다. 나는 조선의 도덕과 조선의 주의를 위하여 곡(哭)하려 한다."

이젠 우리도 우리나라의 기준을 잡고 줏대를 세워야 하지 않겠는가.

한민족(韓民族), 한민족(恨民族) 그리고 하나의 민족

1.

한민족(韓民族)에게 '우리'는?
그 명(明)과 암(暗)

외국인들이 한국어를 배우면서 가장 이해하지 못하는 단어는 아마도 '우리 아내', '우리 남편'일 것이다. 다만 일부다처(一夫多妻)나 일처다부(一妻多夫)의 결혼 제도를 따르는 일부 극소수 사람들의 경우는 빼놓고 말이다.

『표준국어대사전』에는 '우리'에 대한 4가지의 뜻풀이가 나와 있다. 첫째는 '짐승을 가두어 기르는 곳'을 말한다. 돼지'우리'가 대표적이다. 말에 대하여는 '말 우리'라고 쓰기도 하지만 '마구간'이 더 보편적으로 사용되며, 소의 경우에는 '소 우리'라는 말이 아예 없고 '외양간'이라는 표현이 쓰인다. 여기서 '우리'는 울타리의 '울'과 어원이 같은 것으로 '속이 비고 위가 터진 물건의 주변을 둘러싼 부분'을 말한다. 그러면 왜 돼지 사육장만 '우리'라는 말을 쓸까?

한자의 창시자나 기원에 대하여는 여러 설이 있는데, 국내의 일부 학자들은 '동이족 한자 창제설'을 주장하기도 한다. 필자의 추정으로는 농경 민족이 아니라 유목 민족이 한자를 초기에 만들지 않았나 싶기도 하다. 그 이유는 양(羊)이 들어간 한자는 좋은 의미의 글자가 많고, 반대로 쌀(米)이 들어간 한자는 부정적 표현의 글자가 많기 때문이다.

유목민의 대표적인 목축 동물은 양이다. 그렇기에 좋은 뜻의 한자는 양을 기본으로 삼는다. 예를 들면 아름다울 미(美)는 양(羊)이 크다(大)는 뜻이고 기를 양(養)은 양 밑에 먹이를 주는 식(食) 자가 있으며, 착할 선(善) 자는 양 밑에 말씀 언(言) 자를, 의로울 의(義) 자는 양을 나(我)보다 위에 놓는 것으로 글자를 만들었다. 반면에 쌀 미(米)가 들어간 글자를 보면, 똥 분(糞), 똥 시(屎), 미로(迷路)에서처럼 쓰이는 미혹할 미(迷) 등이다.

양 이외에 소, 말, 염소 등도 방목하지만 돼지만은 가두어 놓고 기른다. 그런 맥락에서 집 가(家) 자는 지붕을 뜻하는 갓머리 'ㅡ' 밑에 산 돼지를 의미하는 시(豕) 자가 들어가 있어 돼지를 가두어 기르는 곳이 집의 의미로 쓰이게 된 듯하다. 따라서 돼지 집만은 마구간이나 외양간처럼 '간'을 쓰지 않고 돼지우리라고 한 것이 아닌가 싶다.

'우리'의 두 번째 뜻풀이는 '기와를 세는 단위'로 한 우리는 기와 2천 장이다. 네 번째는 높이가 2~5미터이며, 가지 끝이 가시로 변하는 갈매나뭇과의 낙엽 활엽 관목을 의미한다. 필자가 주목하는 부분은 세 번째 해설로 '말하는 이가 자기와 듣는 이, 또는 자기와 듣는 이를 포함한 여러 사람을 가리키는 일인칭 대명사'로 되어 있다. 사전상의 뜻풀이는 다소 복잡한 것 같지만 예를 들면 쉽게 느껴진다. 우리나라, 우리 학교, 우리 동네, 우리 부부, 우리 엄마, 우리 아빠 등처럼 말이다.

한민족이 사용하는 '우리'라는 단어는 영어의 'We'와는 확연히 다른 느낌을 준다. 'We'처럼 단순히 '말하는 이와 듣는 이를 포함한 그룹'을 지칭하는 대명사가 아니다. '우리'라는 말에는 '우리'라고 표현된 사람들만의 결속과 친밀한 정서가 내포되어 있다. 현재의 시각에서 보면 혈연, 지연, 학연, 국적 등 여러 요소가 '우리'라는 개념의 밑바탕에 깔려 있다고 볼 수 있다. 따라서 어떤 단어에 '우리'가 붙으면 느끼는 감정이 확 달라진다. '대한민국' 하면 머리로 느끼지만 '우리나라' 하면 가슴으로 느끼는 것처럼 말이다.

처음에는 가족이 울타리를 치고 한집에 살았을 터이니 '우리 가족'이 되고, 나아가 씨족부락이 되면서 '우리 마을'이 되고 더 나아가 '우리나라'가 되었을 것이다. 특히나 우리나라는 단일 민족 개념이 강했었기 때문에 '우리'라는 말에 더 애착을 느꼈을 것이다. 그 때문에 족보에 관심이 많고 족보를 중요시하는 것이 아닌가 싶다.

그러면 왜 아내, 남편, 아빠, 엄마에만 논리적으로 맞지 않는 '우리'의 개념이 있을까? '우리 마누라', '우리 남편'의 경우는 복수의 남편, 복수의 아내들의 표현이고 '우리 아빠', '우리 엄마'는 아들이나 딸이 외동이라도 '내 아빠' '내 엄마'가 아니고 복수형으로 말한다. 일설에는 아주 옛날에 행해졌던 결혼 제도, 즉 남편 2명과 아내 2명이 서로 공동 부부가 되는 '푸날루아(Punalua)' 혼인 제도에서 기인한 것으로 보기도 한다.

또 다른 설은 농경 사회 이전에 수렵 채취를 할 때에는 혼인이라는 제도가 확고하게 정립되어 있지 않았을 것이라고 한다. 이 시기에 북만주나 시베리아에 살던 일부 우리 조상들의 경우, 어느 집에서 장기간 수렵을 나가면 옆집에서 식량을 지원해 주고 잠자리도 같이하였고, 반대로 옆집에서 사냥을 떠나면 남편이 돌아올 때까지 먹을 것을 제공해 주고 옆집 부인과 동침하였다고 한다. 요즈음도 히말라야 산맥 주변 일부 지역에서 행해지고 있는 '일처다부제'도, 남자가 행상으로 오래 집을 비우는 사정 등이 원인이 되었다고 보는 견해가 있는데, 우리 옛날의 사정과 비슷하다 하겠다.

따라서 아이가 생기면 누구의 자식인지가 중요하지 않았고 아이 양육도 공동으로 하다 보니 전적으로 한 사람하고만 관계가 있는 '나' 대신 '우리 아내', '우리 남편', '우리 딸', '우리 아들'이 되었을 것이다. 이에 따라 '우리'끼리의 동질감과 결속력은 강해졌고, 이것으로 인하여 우리는 위기에 강한 한민족이 되지 않았나 싶다. 필자가 사는 곳의 인근에 큰 호수가 있는데 자살 방지를 위하여 붙여 놓은 안내판에 쓰여 있는 말이 '우리'의 의미를 상징적으로 나타낸다. "당신이 있어야 우리가 됩니다."

따라서 한민족은 한 울타리 안에서 가족으로 살 때나 한마을에서 씨족부락을 이루어 살 때나 단일 민족으로 나라를 이루어 살 때나 어려운 상황이 닥치면 똘똘 뭉쳐 이를 헤쳐 나온 것이다. 전쟁이 나서 사람이 죽거나 다치면 그는 곧 피를 나눈 나의 가족, 즉 피붙이거나 친척들이고, 힘든 일이 생기면 나의 인척들이 그것을 견뎌야 하므로 해결에 적극 나서는 것이다. 현재 남북한과 해외 동포들을 모두 합치면 8천만 명을 넘어서는데, 이런 적지 않은 인구 속에서도 두세 번 다리를 거치면 친인척이 있고, 우리가 자주 쓰는 '사돈의 팔촌'이거나 학교 동문, 같은 고향 사람 등의 관계가 있다는 것인데, 옛날에는 관계 밀접도가 더욱 강했을 것이다.

따라서 임진왜란 때처럼 외적이 쳐들어오면 관군은 물론이고 많은 백성들은 의병으로, 스님들은 승병으로 전장에 나가 적과 싸웠고, 여인들은 행주산성 대첩 때처럼 적과 싸우는 남자들을 목숨을 걸고 도왔다. 일제강점기 때의 국채보상운동이나 IMF 사태 때의 금 모으기 운동 등도 이와 맥을 같이 하는 것이다. 특히나 1992년 LA 폭동 때의 한국인들의 대처를 빼놓을 수 없다. 당시 한인 타운을 지키던 LA 경찰이 베벌리힐스 등 백인거주 지역으로 가 버리자 해병대, 특전사 및 월남전 파병용사들이 중심이 되어 자경단을 조직, Korea Town을 흑인들의 폭동사태로부터 지켜 냈다. 이것은 한민족에게 있어 '우리'라는 개념의 확실한 '명(明)'이라 할 수 있다.

그렇다면 '우리'의 '암(暗)'은 없을까? 있다면 무엇일까? 온정주의가 아닐 수 없다. 대표적인 것은 정치 분야일 것이다. 많은 국민들이 정치인들에 대하여 비판을 가하지만, 그들을 누가 뽑았는가? 엄격한 잣대를 적용하면 국민의 대표감으로 부적절하다 하더라도 문중 사람, 학교 선후배, 고향 인물이라 해서 선출한 유권자가 없다고 말할수 있을까? 이와 함께 집단적 사고에 빠지는 경향도 배제할 수 없다. '우리'라는 틀이 개인의 자발적 행위에 대해 제약 요소로 작용할 수도

그래, 난 꼰대다 그래서 도대체 뭐 어쩌라구?

있는 것이다. "모난 돌이 정 맞는다."라는 속담이 이를 뒷받침한다고
나 할까.

이제 우리 한번 '우리'의 개념에 대해 곰곰이 생각해 보는 것은 어
떨까? 그 빛과 그림자를!

2.

'거시기'와 보자기
그리고 비빔밥

필자는 울진원자력(현 한울원전) 1, 2호기 건설 시 1985년부터 1987년까지 약 2년간 당시 과학기술처에서 파견한 현장 상주 정부 감독관으로 근무했었다. 그때 제3자 검사(Third Party Inspection)기관으로 울진 현장에 파견 나와 있던 미국 EBASCO Services사(社)의 전문가와 기술 정보 교류 등을 위해 가끔씩 사무실에서 만났었는데, 나중에는 서로 친밀해져 일과(日課) 종료 후에 부부끼리 같이 테니스도 치고 했었다.

그런데 하루는 그가 황산을 가 봤느냐고 묻는 것이었다. 필자는 그가 중국의 황산을 이야기하는 것으로 생각하고, 당시는 한중 수교가 되어 있지 않은 상태였기 때문에 "No."라고 답했다. 그러자 그는 필자의 고향을 물어보고는 고향과 가까운데도 가 보지 않았냐면서 계백 장군 이야기를 꺼내는 것이었다. 필자는 그때서야 '황산벌'임을 알아차리고 머쓱했었던 기억이 있다. 그 황산벌의 정확한 위치에 대하

그래, 난 꼰대다 그래서 도대체 뭐 어쩌라구?

여는 학자마다 조금씩 다르지만 모두 지금의 논산시 연산면에 있는 것으로 판단하고 있으며, 신양리 및 신암리 일대로 보는 견해가 많다.

이 황산벌에서 서기 660년 김유신 장군이 이끄는 5만의 신라군과 계백 장군의 5천 백제군이 대결하는 상황을 그린 영화 「황산벌」이 2003년 개봉되었었다. 이 영화 대사에서 인상에 남는 단어 중의 하나는 '거시기'일 것이다. 그러면 우리가 현재도 많이 쓰는 '거시기'는 무슨 뜻일까?

『표준국어대사전』에는 "이름이 얼른 생각나지 않거나 바로 말하기 곤란한 사람 또는 사물을 가리키는 대명사"라고 풀이되어 있다. 그러나 현실적으로 '거시기'라는 말은 대명사로서뿐만 아니라 형용사나 부사 등으로도 쓰인다.

사람의 특정 신체 부위를 지칭할 때 직접적으로 말하기 어려우면 '거시기'라고 표현하기도 하지만, 상황이 논리적으로 맞지 않거나 마음에 썩 들지 않을 때도 사용한다. "'거시기'가 '거시기'한데….''라고 말하면 듣는 사람은 당시 상황을 고려하여 앞의 '거시기'와 뒤의 '거시기'가 뜻하는 것이 무엇인지 대충 헤아릴 수 있다. 물론 말하는 사람의 뜻과 100% 같지는 않을지라도 말이다.

따라서 '거시기'라는 단어는 두 가지의 특징을 가진다고 할 수 있다. 첫째는 거의 모든 것을 아우르는 한국어의 '포용성'이고, 둘째는 듣는 사람으로 하여금 해석의 폭을 넓혀 주는 '융통성'이다. 한국어의 단어 수가 영어 단어 수보다 5배가 많다고 해도 표현 안 되는 것이 있으면 '거시기'로 말하면 되는 것이다.

비슷한 예로 '뭐하다'라는 표현이 있다. 사전적 의미는 형용사로서 '무엇하다'의 준말이다. "그냥 오기 '뭐해서' 애들 간식거리 좀 사 왔어."라고 말할 때 '뭐해서'의 의미는 '빈손으로 오기가 미안해서'나 '아이들 생각이 나서' 등 여러 가지로 해석될 수 있다. 이 또한 한국어가 갖는 포용성과 융통성의 표현일 것이다. '좀 그렇다'라고 하거나 '아이고' 또는 '아이구야'라는 말도 맥을 같이 하는 표현이다.

포용성과 융통성을 갖고 있는 것은 한국어뿐만이 아니라, 한민족 고유의 물건과 음식에도 있다. 바로 '보자기'와 '포대기' 그리고 '비빔밥'이다. 요즈음에는 백팩이나 여행용 캐리어까지 사용한다고 하는데, 필자가 현직에 있을 때 국정 감사 등으로 국회에 갈 때는 관련 서류 등을 보자기에 싸서 가지고 갔었다. 보자기는 크기에 따라서 담을 물건의 모양이나 용적과 관계없이 사용할 수 있고, 필요가 없을 때는 접어서 바지 뒷주머니에 넣고 다녀도 된다. 용도와 담을 부피에 융통성이 크다. 반면에 가방은 이에 넣을 수 있는 것의 크기가 제한되고 내용물이 없는 빈 가방이라도 꼭 들고 다녀야 하는 불편함이 있다.

비빔밥의 경우도 포용성과 융통성이 내재되어 있다. 기본적으로는 밥에 고명을 얹고 비벼 먹는 것인데, 밥으로는 쌀밥, 보리밥 관계가 없고 고명으로는 갖가지가 올라간다. 한 편의점에서 파는 비빔밥의 고명을 봤더니 콩나물, 취나물, 표고버섯, 도라지, 소고기, 돼지호박, 계란 지단, 당근이 있었다. 이에 고추장을 넣어 비벼 먹고, 비비기 전 참기름을 넣으면 더 감칠맛이 난다.

고명의 경우 정해져 있는 특별한 레시피가 따로 없다. 그러다 보니

그래, 난 꼰대다 그래서 도대체 뭐 어쩌라구?

비빔밥은 지역과 재료에 따라 여러 종류가 있다. 우리가 '전주'하면 콩나물국밥과 함께 떠올리는 전주비빔밥, 여기에는 30가지가 넘는 고명재료가 쓰인다고 한다. 이와 함께 경상도에서는 진주비빔밥, 통영비빔밥, 거제멍게젓갈비빔밥이 유명하고, 다른 지역에서도 그 지방의 특산물을 이용한 비빔밥이 수 없이 많다. 이 외에 특히 등산을 마치고 내려와 많이 먹는 산채비빔밥과 함께 육회비빔밥, 생선회비빔밥, 꼬막비빔밥, 돌솥비빔밥, 상추비빔밥, 참치비빔밥 등 이루 헤아릴 수 없다. 특히 명절 후에는 남는 음식으로 갖가지 비빔밥을 만들어 먹기도 한다.

포용성과 융통성을 갖는 또 다른 한민족 고유 음식으로는 한식 백반을 꼽지 않을 수 없다. 한식 백반은 기본적으로 밥과 국, 찌개와 여러 가지 반찬이 나오는 종합 세트 메뉴이다. 그러나 각 구성 요소마다 딱히 정해진 것이 없고 지역에 따라 그리고 때에 따라 차이가 크다. 쌈과 김밥도 마찬가지이다.

서양 음식은 대체적으로 단조로워 같은 메뉴를 시키면 같은 종류의 음식물이 먹는 사람의 위 속으로 들어간다. 반면에 한식 백반은 사람에 따라 먹는 음식 내용이 달라지는데 이는 특히나 반찬 때문이다. 같은 식탁에서 어떤 사람은 밥과 국, 생선구이, 시금치무침을 먹을 수 있고, 다른 사람은 밥과 찌개, 달걀찜, 가지볶음을 먹을 수도 있다. 소화해야 하는 음식이 전혀 다른 것이다.

한민족 고유 음식이나 물건이 갖는 포용성과 융통성은 국가 발전에 크나큰 장점 요소이다. 예를 들면 우리나라가 다종교 국가임에도

종교 간 갈등이 없는 것은 한민족의 포용성과 융통성의 결과가 아닌
가 하는 생각을 갖게 하는 것이다.

그래, 난 꼰대다 그래서 도대체 뭐 어쩌라구?

3.
한국인이 싫어하는 것 3가지,
후손에게 넘겨주어야 할 것 3가지

'예측출발 금지'라는 교통 표지판이 외국에도 있을까? 이 표지판은 교통 신호가 바뀌기를 못 기다려 이때쯤이면 주행 신호가 나오겠거니 생각하고는 미리 출발하는 것을 방지하기 위해, 주요한 교차로 등에 설치된 안내판이다. '도로 정체 시 교차로 진입 금지'라는 표지판도 있다. 황색 신호가 들어오면 멈춰야 하는데 빨리 지나가려다가 교차로 정체가 더 심해지는 것이다. 우리 한국인들이 얼마나 속도에 빠져 있으면 거의 모든 외국인들의 생각이 "한국의 특징은 '빨리빨리 문화'라는 것"이다. 오죽하면 우스갯소리로 국제통화 시의 우리나라 국가번호가 '82'가 되었다고도 말할까. '빨리빨리'는 '미리미리'와 '바로바로'와도 연결되어 있다.

우리의 '빨리빨리 문화'의 실상은 여러 가지로 증명된다. 엘리베이터의 문 닫힘 누름 단추가 유난히 손을 탄 것은 약과다. 이것도 우리나라밖에 없을 것 같은데, 에스컬레이터에서는 대부분의 사람들이 한쪽으로 서 있고 다른 한쪽은 빈 공간으로 만들어 줘, 바쁜 사람들의 추월 통로가 될 수 있게 하고 있다. 특히 배달의 경우에 있어서는 로켓 배송에 총알 배송이 있는가 하면, 횡단보도를 건널 때 보행자 신호등을 보지 않고 도로의 신호등을 보고 길을 조금 먼저 건너기도 한다. 왜냐하면 도로 신호등이 횡단보도 신호등보다 1~2초 먼저 바뀌기 때문이다. 이렇다 보니 교통안전당국에서는 사고 예방을 위해 "5초의 여유를 갖자."라는 공익광고까지 내보내고 있다.

한국인들이 즐기는 '소맥' 또한 빨리 취하려고 마시는 것은 아닐까? 우리는 급하면 밥을 국에 말아 먹는다. 국이 없으면 물에라도 말아 먹는다. 외국인들의 경우 급하다고 스테이크를 스프에 넣어 같이 먹을까? 은행이나 병원 등 사람이 많이 모이는 곳에는 거의 모두 설치되어 있는 번호표 발행기도 빼놓을 수 없다. 그렇게 하면 혼란도 줄이고 무엇보다도 대기 시간이 단축될 수 있기 때문이다. 우리는 혼전 임신도 빠르기에 비유하여 '속도위반'으로 말한다.

하다못해 바람까지도 속도를 기준하여 세밀하게 분류해서 불렀다. 속도별로 구분하면 남실바람〈산들바람〈건들바람〈흔들바람〈싹쓸바람이다. 기상학적으로 보면 남실바람은 10분간의 평균 풍속이 초속 1.6~3.3m로, 바람이 얼굴에 느껴지고 나뭇잎이 살랑이는 정도의 바람을 말하고, 산들바람은 나무 잔가지와 깃발이 가볍게 흔들리는 초속 3.4~5.4m의 바람이며, 건들바람은 초속 5.5~7.9m로 먼지가 일어나고 종이가 흐트러질 정도의 바람이다. 흔들바람은 이름대로 작은 나무가 흔들리고 작은 물결이 이는 초속 8.0~10.7m의 바람이며, 싹쓸바람은 초속 32.7m 이상으로 글자 그대로 싹쓸이할 정도의 몹시 강한 바람이다.

오죽이나 한국인들이 빠른 것을 좋아하면 "번갯불에 콩 볶아 먹는다."라는 속담까지 생겨났을까. 그러면 실제로 번갯불에 콩이 볶아질 수 있을까? 번개의 속도는 광속의 1/10, 그러니까 초속 3만 ㎞ 정도이다. 이렇게 빠른 번개가 작고 둥근 콩에 내려칠 확률 자체가 적다. 왜냐하면 번개는 전위(電位)가 가장 낮은 지면으로 흐르려는 특성이 있기 때문이다. 설령 벼락에 맞는다 해도 타면 탔지 그 짧은 시간에 콩이 볶아질 가능성도 크지 않은 것이다.

이렇게 한국인들이 '빨리빨리'에 젖어 있다 보니 가장 싫어하는 것은 '느린 것'이다. '느린 것'에 대하여 우리는 '답답하다', '속 터진다'라고 불평을 하고 더 나아가 '느려터졌다'라고 울분 섞인 표현도 자주 한다. 영어의 경우 '답답하다'의 표현으로 'frustrate'를 사용한다고 하는데 '답답하다'의 감정을 충분히 나타내지 못하는 것 같아 답답하다. '속 터진다'라는 말은 있지도 않다. "Slow and steady wins the race."라는 속담이 있는데 한국인들에게는 가슴에 와닿지 않는 말인지도 모른다. 한국인들은 무엇이든지 빨리빨리 하고 빨리 결말을 보기 원하기 때문이다.

그렇다면 두 번째로 한국인들이 싫어하는 것은 무얼까? '불결함'일 것이다. 그 징표로서는 '백의민족'을 들지 않을 수 없다. 흰옷은 깨끗하게 보이지만 때도 빨리 타고 불결해지기 쉬워 특히 위생이 중시되는 의사, 약사, 간호사, 영양사들의 가운으로 사용된다. 흰옷을 좋아해 왔다는 것은 그만큼 청결을 중시하고 있다는 증거다.

　폐기물 분리수거가 세계에서 가장 빨리 그리고 거의 완벽에 가까울 정도로 정착된 것도 그 저변에는 불결함과 위생 관리가 제대로 되지 않는 것에 대한 거부감이 깔려 있기 때문일 것이다. 그러다 보니 도로변에 쓰레기통이 없어도 시민들의 불만이나 반발이 거의 없고 도로가 깨끗하게 유지된다. 또한 직장마다 점심 식사 후에 화장실에서 양치하는 사람들이 많은데, 이것 역시 한국인들의 청결함을 추구하는 한 단면인 것이다. 외국인들이 우리나라에 와서 갖는 첫 번째 인상은 청결함이라 한다. 인천공항을 비롯하여 가는 곳마다의 화장실, 지하철과 버스 등 대중교통과 도로 등이 하나같이 깨끗한 데 대하여 놀라움을 금치 못한다고 한다.

　한국인들이 세 번째로 싫어하는 것은 '불편함'일 것이다. 불편한 것은 조금도 못 참는다. 여기에는 '빨리빨리'의 사고도 저변에 깔려 있는 것으로 보인다. 그러다 보니 불편하거나 귀찮은 것이 있으면 바로바로 개선된다. 거의 모든 생활 이용 시설에 편의성이 녹아 있다. 버스 정류장 전광판에는 버스 노선별로 현재 버스가 어디쯤 오고 있는지, 도착 때까지는 몇 분이 걸리는지 그리고 좌석 버스의 경우에는 빈자리 숫자까지 표시된다. 어느 정류장에는 온열 의자가 있는가 하면 휴대 전화 충전 시설과 냉방 시설까지 갖춰져 있다. 필자가 사는 곳의 온열 의자에는 이런 문구까지 쓰여 있다. "따뜻한 의자, 마음을 녹이세요."

　한편 최근 신축되는 아파트에는 '엘리베이터 미리 콜 서비스'라는 기능이 있다고 한다. 건물 도착 전에 휴대 전화로 해당 아파트의 엘리베이터가 현재 몇 층에 있는지 확인하고 미리 가고자 하는 층을 입력하여 보내면, 1층에 도착하자마자 엘리베이터가 대기하고 있는 것이다. 약국에서는 처방된 약이 여러 가지일 경우에 헷갈리지 않고 편하게 약 복용을 할 수 있도록 아침, 점심, 저녁별로 조그만 비닐봉지에 '줄줄이 사탕'처럼 넣어 준다.

또한 사람이나 차량의 통행이 빈번한 곳의 횡단보도에는 여름철 그늘막이 있고, '장수 의자'라 하여 신호를 기다리는 노인들을 위한 의자까지 신호등 지지 철제봉이나 그늘막 아래에 설치되어 있다. 과천시의 경우에는 온도와 바람을 실시간으로 측정해 가림막이 자동으로 개폐되는 '스마트 그늘막'까지 운영되고 있다. 유동 인구가 많은 11개 지점에 설치되어 있는데, 기온이 15℃ 이상이면 자동으로 펼쳐지고, 바람이 초당 7m 이상으로 불면 자동으로 접히게 되어 있다. 최근에는 폭염 때 냉각용 물안개가 분사되는 장치(Cooling Fog System)가 겸비된 그늘막까지 생겨났다. 이외에도 비 오는 날 건물 앞에 놓인 '우산 물 털이기', 'COVID-19' 창궐 시 에스컬레이터 핸드레일을 사람이 일일이 닦기 어렵고 이용하는 사람들도 불편해하니까 '핸드레일 자동 소독기'가 등장했다.

그런가 하면 각 가정의 주방에서 가스 불 켜놓은 것을 모르고 외출이라도 할까 봐 '가스 자동 잠금 장치'까지 있다. 특히나 아파트에서는 이사 시에 이삿짐 운반 과정에서의 불편함을 줄이기 위해 사다리차를 사용한다. 그전에는 피아노나 냉장고 등 큰 물건들은 작업하시는 분들이 여럿이 등짐을 지고서 계단을 오르내렸었다. 이외에도 사람들이 길을 걸으면서 휴대 전화를 보는 경우가 많다 보니 횡단보도 경계석 바닥에도 신호등이 깔려 있을 정도다.

아울러 고속도로의 진출로나 복잡한 사거리 등에는 녹색이나 보라색 등의 주행 유도선이 그려져 있다. 국토교통부에서는 2017년 12월 '노면 색깔 유도선 설치 및 관리 매뉴얼'까지 만들었다. 최근에는 한 대형 마트에서 특별한 아이디어 상품을 내놓아 외국에서도 찬사를 아끼지 않는다고 한다. 바나나는 보통 한 묶음으로 사기 때문에 조금 시간이 지나면 1~2개는 물러져서 못 먹게 되는 경우가 많다. 이런 단점을 개선코자 숙성도가 조금씩 차이 나는 바나나를 한 통에 넣어 판매하는 것이다. 고객은 익은 바나나부터 차례로 먹으면 버리는 것 없이 다 맛있는 상태로 먹을 수가 있는 것이다.

이렇게 다양한 생활 편의 시설이나 방식은 아이디어만으로 가능한 부분도 있고, 한편으로는 첨단 기술이 접목되어 설치·운영되는 경우도 있다. 이 모두 한국인들이 '불편함'을 특히 불편하게 여기기 때문에 생겨난 소산물이다. 한국인들이 싫어하는 특성들은 대부분 긍정적으로 작용하는 요소이지만 일부는 부정적 측면도 없지는 않다.

그러면 우리가 후손들에게 물려주어야 할 것은 무엇인가? 앞에서 언급한 편의 시설들일까? 물론 그것도 필요하지만 정작 중요한 것은 세 가지이다. 첫째로는 아직 마지막 단추가 끼워지지는 않았지만 완벽하고 주변국들이 감히 넘보거나 집적거리지 못할 정도의 확실한 국방력이고, 두 번째는 이제까지 이루어 놓은 성과를 바탕으로 먹거

그래, 난 꼰대다 그래서 도대체 뭐 어쩌라구?

리 창출을 위한 연구 개발을 통하여 더욱 강고하게 만들어야 할 경제력이다. 세 번째로는 전 세계에 영향력을 발휘하고 있는 한류를 통한 문화력이다. 이렇게 되면 하드파워(Hard Power)와 소프트파워(Soft Power)가 결합하여 후손들이 사는 대한민국은 더욱 강건한 나라, 더욱 빛나는 나라 특히 '중화(中華)'를 강조하는 중국인들조차 '동방예의지국'으로 불렀던 것처럼 '품위 있는 한국인', '품격 있는 대한민국'이 될 수 있을 것이며, 이를 이루는 것이야말로 현재를 살아가는 우리 세대의 책무이자 과제일 것이다.

4.
한국인의 얼굴 - 체면과 면목

우리 한국인들은 외국 사람을 보면 어느 나라 사람인지 얼마나 알아맞힐까? 물론 대륙별로는 쉽게 구분할 수 있을 것이다. 아시아 사람인지, 아니면 아프리카 사람인지를, 그리고 아시아의 경우 동남아 사람인지, 서아시아나 중동 사람인지를 말이다. 그러나 백인의 경우에는 헷갈린다. 유럽 사람인지, 북미권 사람인지, 아니면 남미나 호주·뉴질랜드 출신인지 알기 매우 어렵다. 더구나 얼굴만 보고 나라까지 맞추는 것은 거의 불가능에 가깝다.

외국인들 역시 비슷할 것이다. 아시아권에서 동북아, 동남아, 서남 아시아, 중동 사람들은 어느 정도 크게 구별이 되겠지만 그중 한·중·일의 사람들 얼굴을 따로따로 구별하기는 극히 어려울 것이다.

그러면 물리적 얼굴 말고 한국인의 정신적·심리적 얼굴은 어떤 특징이 있고 그것으로 한국인임을 알아낼 수 있을까? 정신적·심리적 얼굴은 우리의 경우 '체면(體面)'이나 '면목(面目)'이 아닐까 싶다. 체

그래, 난 꼰대다 그래서 도대체 뭐 어쩌라구?

면은 '남을 대하기에 떳떳한 도리나 얼굴'을 뜻하는데 '체면이 서다', '체면을 차리다' 또는 '체면이 깎이다'가 좋은 사용례이다. 한편 면목은 '얼굴의 생김새', '남을 대할 만한 체면' 또는 '사람이나 사물의 겉모습'을 의미하는데 체면이나 '면모(面貌)' 또는 '낯'의 뜻과 비슷하다. 우리는 상대방에게 피해를 줬거나 도리를 다하지 못했거나 약속 등을 지키지 않았을 경우 "면목이 없다."라는 말을 자주 쓴다. 체면은 개인뿐만 아니라 회사나 단체, 하다못해 "나라 체면이 말이 아니다."와 같이 국가에도 사용된다. 이것은 한국인들이 얼마큼 체면을 중시하는지를 잘 나타내 준다고 할 수 있다.

자식이 잘못을 저지르면 "부모 얼굴에 먹칠한다."라거나 더 심하게는 "부모 얼굴에 똥칠한다."라고까지 하면서 고조된 감정을 나타낸다. 조선왕조 시대에는 관리들이 구호를 잘못하여 백성을 굶어 죽게 했을 경우에는 형률에 곤장 1백 대를 치고 자자(刺字)에 처하도록 규정되어 있었다. 자자는 얼굴이나 팔뚝의 살을 따고 홈을 내어 먹물로 죄명을 찍어 넣던 형벌인데, 얼굴에 죄명을 문신까지 했으니 본인은 물론이고 가족들도 얼마나 수치스러웠을까? 그야말로 '얼굴' 들고 나다닐 수 없었을 것이다. 이처럼 한국인에게 '얼굴', '낯'은 그냥 '얼굴', '낯'이 아니다. 양심이고 사람 됨됨이를 보여주는 징표다.

이렇게 체면과 면목, 얼굴과 낯이 중요했기 때문에, 사람들은 악행이나 범죄를 가급적 멀리하고 법이나 규정을 상대적으로 잘 지킴으로써 우리나라가 '동방예의지국'이라 불렸고, 오늘날에도 치안이 세계에서 상위권에 속하는 나라가 되었다고 본다.

그러나 이러한 '체면 중시 문화'의 부정적 측면도 우리 조상들은 알고 있었다. 그러기에 관련 속담도 적지 않다. "체면이 사람 죽인다." 라거나 "체면 차리다 굶어 죽는다."라는 말이 그 예이다. 아무래도 체면에 관한 결정적인 표현은 "벼룩도 낯짝이 있다."라거나 "조선 사람은 낯 먹고 산다."일 것이다.

5.

'색' 잘 쓰는 한민족

한민족은 어떤 색을 좋아할까? 대부분의 사람들은 한국인을 '백의민족'으로 칭하는 말까지 있으니 아마도 흰색에 가장 애착을 가지고 있다고 생각할 것이다. 많은 사람들은 예전 국내외적으로 이름을 날렸던 우리나라의 패션 디자이너 앙드레 김이 항상 흰옷을 입고 훌륭한 자태를 보여 줬던 그의 생전 모습을 보면서 이에 동의하지 않을 수 없었을 것이다. 한편으로는 국내 중고차 시장에서 흰색 차가 다른 색의 자동차에 비하여 비싸게 팔린다고 하니 한국인의 흰색 사랑은 분명해 보인다.

이러한 사실은 역사적으로도 증명이 된다. 고려 충렬왕은 당시 천문·기상 관련 기관이었던 태사국의 건의에 따라 흰옷 착용을 금지하라는 명을 내린다. 동방은 5행 중 목(木)에 속하므로 푸른색을 숭상해야 하는데, 금(金)의 색깔인 흰 것을 좋아하니 이것은 금이 목을 이기는 것으로 좋은 일이 아니라는 이유에서였다. 조정 신하들은 물론이고 백성들도 백색 옷을 입지 못하게 한 것이다. 흰옷 금지령은 공민왕 때에도 있었을 뿐만 아니라 조선왕조의 현종, 숙종과 영조 때에도 내려졌다. 마지막으로는 고종 32년(1895)에도 민과 관이 모두 검은 색깔의 옷을 입도록 명했으나 '백의민족'답게 민간에서는 제대로 먹히지 않았다.

그러면 한민족은 오로지 흰색만 중요하게 여겼을까? 아니다. 태극기에 그 답이 있다. 태극기를 보면 흰색 바탕에 4개의 검은색 괘(卦)가 있고, 중앙에 푸른색과 붉은색의 태극이 있다. 행정안전부의 자료에 따르면 흰색 바탕은 밝음과 순수 그리고 전통적으로 평화를 사랑하는 우리의 민족성을 나타내고, 태극 문양은 음(파랑)과 양(빨강)의 조화를 상징하는 것으로 우주 만물이 음양의 조화로 인해 생명을 얻고 발전한다는 대자연의 진리를 표현하는 것으로 설명되어 있다. 4괘 중 건괘(乾卦)는 하늘, 곤괘(坤卦)는 땅, 감괘(坎卦)는 물, 이괘(離卦)는 불을 의미한다.

태극기를 전체적으로 보면 흰색이 그 반대색인 검은색을 포용하고 음과 양인 파랑과 빨강을 아우르는 것이다. 현재 국기에 검은색을 사용하는 나라는 우리나라 외에 독일, 벨기에, 쿠웨이트, 앙골라 등 몇 나라에 지나지 않는다. 검은색은 보통 부정적인 측면에서 많이 쓰여 왔다. '흑색선전', '흑막', '흑심', '먹구름(Black Cloud)', '블랙리스트', '암시장(Black Market)' 등의 표현에서처럼 말이다.

그러나 우리 민족은 태극기에서처럼 흰색의 반대색인 검은색까지 껴안으며 더욱 강렬하고 멋진 명칭들을 만들어 냈다. 요즘 한국 방산

그래, 난 꼰대다 그래서 도대체 뭐 어쩌라구?

이 세계적으로 큰 관심을 끌면서 여러 나라의 인기를 끄는 K2 '흑표 (Black Panther)' 전차, 세계 최고 수준의 비행 능력을 자랑하는 대한 민국 공군의 특수 비행 팀 'Black Eagles', 전 세계적으로 사랑받는 여 성 K-Pop 그룹 'Black Pink' 그리고 먼 옛날 고구려의 국조(國鳥)였던 세 발 달린 까마귀 '삼족오(三足鳥)'까지 말이다. 또한 우리나라의 국 기(國技)인 태권도도 띠의 색깔로 수준을 나타내는데, 띠의 순서는 흰 띠→노란 띠→파란 띠→빨간 띠 그리고 최고 단계는 검정 띠이다.

이에 더해 우리 한민족은 다른 나라가 감히 따라올 수 없을 정도로 색깔 표현을 상세하게 구분한다. 빨간색을 예로 들어 본다면 '새빨갛 다', '시뻘겋다', '빨갛다', '검붉다', '벌겋다', '불그스름하다', '불그레하 다' 등 다양하다. 그 표현 대상 또한 세분한다. 취기가 오르면 얼굴이 '불그레'하고, 화가 나 열이 오른 얼굴은 '벌겋다'고 하며 아주 터무니 없는 거짓말은 '새빨간' 거짓말로 표현한다. 물론 영어에서도 색깔을 집어넣어 선의의 거짓말은 'white lie'로, 악의의 거짓말은 'black lie' 로 말하긴 하지만, 우리나라에서는 "얼굴색 하나 안 변하고 거짓말한 다."라고 좀 더 강렬하게 표현한다. "시퍼렇게 살아 있는 사람을 죽었 다고 한다."라고 하는 경우처럼 생사도 색깔로 나타낼 정도다. 게다 가 "하얗게 밤을 새웠다."라고도 말하며 밤새우는 것을 흰색으로 표 현하기까지 한다. 엄청난 일을 당하면 "하늘이 노랗다."라고 하고, 너 무 긴장하거나 충격을 받으면 "머릿속이 하얗다."라고 말한다. 한민 족의 '색' 하면 색동저고리, 궁궐이나 사찰 등의 단청 그리고 비빔밥 도 빼놓을 수 없다.

우리나라에서는 훈장도 색깔로 구분하는데, 근정훈장의 경우 청조, 황조, 홍조, 녹조 및 옥조 훈장이다. 미국이나 영국에서는 그러한 예가 없다. 우리가 언론에서 가끔 접해서 귀에 익은 프랑스 훈장 가운데 최고위의 훈장인 '레지옹 도뇌르' 훈장(명예군단훈장)은 5등급으로 나뉘는데, 1등 훈장 '그랑크루아(대십자장)', 2등 훈장 '그랑도피시에(대장훈장)', 3등 훈장 '코망되르(사령관장)', 4등 훈장 '오피시에(장교장)', 5등 훈장 '슈발리에(기사장)'이다. 색깔 구분이 없다.

색깔 표현만이 다양한 것이 아니다. 노선버스나 지하철, 심지어 정당까지 특정한 고유 색깔을 사용한다. 서울과 수도권 도시를 연결하는 광역 버스는 빨간색, 시내에서 지역 간 중·장거리를 운행하는 간선 버스는 파란색, 지하철 노선과 연결하면서 지역을 운행하는 지선 버스는 초록색, 마을버스는 노란색이다. 지하철은 노선마다 상징 색깔이 다르다. 서울의 경우 1호선은 남색, 2호선은 초록색, 3호선은 주황색, 4호선은 파란색, 5호선은 보라색, 6호선은 황토색, 7호선은 올리브색, 8호선은 분홍색, 9호선은 황금색이다. 이렇게 거의 모든 대중교통 수단이 고유 색깔로 구분되어 있으니까 외국인들도 큰 불편을 느끼지 않는다고 한다. 자주 바뀌긴 하지만 정당들도 상징 색깔을 가지고 있다. 2023년 8월 현재 여당인 국민의 힘은 빨간색, 더불어민주당은 파란색, 정의당은 노란색, 기본소득당은 베이직 민트, 시대전환은 보라색이다. 특히 정치 분야에서는 여야 간에 이념이나 정강·정책상의 충돌이 있을 때는 서로 간에 '색깔론'으로 공격하기도 한다.

그래, 난 꼰대다 그래서 도대체 뭐 어쩌라구?

우리나라의 경우 더욱 특징적인 것은 상황을 색깔로 표시할 때 한국인의 감성을 녹여 넣는 것이다. 세계 각국의 공통 사항인 신호등의 경우 멈춤 신호는 빨강, 진행 신호는 녹색이다. 같은 의미에서 어떤 일이 있을 때 전망이 밝아 보이면 '청신호'가 켜졌다고 말하고, 반대의 경우에는 '적신호'가 들어왔다고 표현한다.

반대의 예로 증권 시장의 경우 외국에서는 긍정적일 때 즉 주가 상승 시 초록색, 하락 시에는 빨간색이다. 신호등의 색깔 표시와 맥을 같이 한다. 그러나 우리나라의 경우는 거꾸로다. 주가가 오르면 열이 올랐다는 의미에서인지 모르겠지만 빨간색으로, 주가가 내리면 파란색으로 표시한다. 어느 증권사 직원은 취업 시 증명사진에 빨간색 넥타이를 합성까지 했다는 글도 있을 정도로 빨간색은 주식 시장에서 가장 고대하는 색깔이다.

이처럼 색깔에 감성과 애정을 갖는 민족이 우리 말고 또 있을까? 궁금하다.

6.

카페인(Caffeine) 중독과
카페인(KaFaIn) 중독

우리는 아침·저녁 출퇴근 시간이나 점심시간 길거리에서 커피 컵을 손에 쥔 사람들을 많이 본다. 그러다 보니 시내 웬만한 건물에는 커피숍이 있고, 그렇지 않더라도 거리 블록마다 커피숍과 편의점이 있는 것이 보통이다. 그러면 우리나라 사람들의 커피 사랑은 어느 정도일까? 우리나라 커피 시장 규모와 미국의 유명한 세계 커피 프랜차이즈 커피점 수가 세계 선두권에 있고, 가까운 일본과 비교하면 인구당 커피숍 수가 월등히 많다. 이러한 영향으로 2022년 커피 수입액은 13억 달러로 처음으로 10억 달러를 넘었으며, 2021년도에 비하여 42.4%나 증가했다. 수입량으로는 20만 톤에 도달하여 최대치를 기록했는데, 이는 성년 한 명이 매일 커피 1.3잔씩을 마실 수 있는 양이다.[10]

한국인의 커피 사랑이 이렇게 크다 보니 봉지 하나에 커피와 설탕,

---

10 보도자료(2023.1.31), 관세청

그래, 난 꼰대다 그래서 도대체 뭐 어쩌라구?

프림을 넣은 1회용 커피믹스가 처음으로 우리나라 식품 회사에서 개발되었으며, 현재도 큰 인기를 끌고 있고 커피믹스에 맛 들인 외국인들도 많다고 한다.

그런데 2023년 현재 우리는 마시는 커피 외에 또 다른 카페인에 중독되어 가는 것은 아닐까? 여기서의 카페인은 카카오톡, 페이스북 그리고 요즘 젊은 세대에서 많이 쓰는 인스타그램을 뜻한다. 물론 유튜브도 빼놓을 수 없다.

21세기 정보화 사회에서 SNS(Social Network Service)는 소통과 정보 교류의 핵심 도구로, 그 역할과 가치가 계속 증대되고 있는 것은 부정할 수 없는 현실이다. 우리나라는 IT 기술을 기반으로 세계 최상위권의 인터넷 속도가 구현되는 여건에서, SNS 이용률이 89.3%로 세계 선두권에 있으며, 세계 평균보다 월등히 높다.

그러나 SNS를 통하여 소통되는 정보 중 일부에는 자기 과시형 내용이 포함되어 있어 SNS가 일면 소위 '관종', 즉 관심에 목매는 사람들의 욕망 해소의 장으로 여겨지기도 한다. 이러한 자기 과시 풍조는 명품 구매에서 극명히 드러난다. 2022년 한국인의 명품 소비액은 튀르키예 등 웬만한 나라의 국방비 수준이다.

이러다 보니 신상품이 출시되면 꼭두새벽부터 줄을 서서 기다리는 소위 'Open Run' 현상이 벌어진다. 꼭두새벽 할 때의 '꼭두'는 정수리나 꼭대기 또는 물체의 가장 윗부분을 이르는 말이다. 따라서 '꼭두새벽'은 낮이 시작되는 묘시 1각으로 보아 오전 5시~5시 15분 사이의 시각을 뜻한다. 그러니까 새로 출시된 명품 구매하려고 동트기 전부터 대기 줄이 만들어지는 것이다.

경제적 능력이 있고 필요하다면 자기 돈으로 사는데 남이 뭐라 할 수 있겠는가? 요샛말로 '내 돈 내 산', 즉 '내 돈 내고 내가 산다'는데 말이다. 문제는 그렇지 않은 경우이다. 설령 그렇지 않다고 하더라도 부정한 수익이 아닌 한 자기 돈으로 사는데 뭐가 문제냐고 할 수도 있겠으나, 모든 일에 분수가 있어야 한다는 우리들의 오래된 생활 철학 측면에서 이의가 제기되는 것이다. 그러니까 "뱁새가 황새 따라가다 가랑이가 찢어진다."라는 속담도 생겨난 것이 아니겠는가. 명품을 가지고 있다고 해서 사람이 명품이 되는 것은 아니다. 내공이 쌓이고 내면의 깊이가 느껴질 때 사람은 명품이 될 수 있는 것이 아닌가. 명품을 통한 반사체가 아니라 자신이 명품이 되는 발광체가 되어야 하지 않겠는가.

어느 날 국내 굴지의 재벌 회사 회장이 국회 증언대에 섰다. 잠시 자리에 앉자, 주머니에서 무언가를 꺼내 입술에 바르는 장면이 TV 카메라에 포착되었다. 나중에 알려진 바에 따르면 그것은 일반 약국에서 파는 몇천 원짜리 립밤(Lip Balm)이었다. 또 한번은 그 회장이 조문차 어느 장례식장에 도착하는 장면이 포착되었는데, 뒷자리에 자녀들을 태우고 자신이 직접 국산 SUV 차량을 몰고 온 것이었다. 허영에 찬 극히 일부의 명품족에 비해서 그 회장의 이러한 소탈한 행동이 가슴에 와닿는 것은 필자만의 생각일까.

2023년 2월, 어느 극우 성향의 일본인은 한국인의 명품 애착 풍조를 옮기기도 민망하고 창피스러운 예를 들면서 신랄하게 비판했다.

극우 혐한인의 주장이라 일축할 수도 있지만 이 기사에 대한 네티즌들의 댓글은 대부분 옳은 지적이라고 수긍했다. 미국과 일본의 일부 언론도 한국인의 허영심을 비판했다. 한국인들의 '신분 과시 욕구'는 '베블런 효과(Veblen Effect)'가 그 밑바탕에 깔려 있다. '베블런 효과'는 물건 가격이 비싸면 수요가 커지는 현상으로 미국의 경제학자인 소스테인 베블런(Thorstein Bunde Veblen)이 제기한 것이다. 일부의 경우 고가의 물건을 가지고 있으면 남들과 대비하여 우월감을 느낀다는 심리를 꿰뚫어 본 것이다.

여러 통계가 보여 주듯이 날이 갈수록 '책 안 읽는 사회'가 되다 보니, 책 속에 지혜가 담겨 있고 미래가 있는데도, 겉으로 보이는 것에만 정신이 팔리는 것은 아닌지 심히 우려하지 않을 수 없다. '외화내빈'과 '허장성세(虛張聲勢)'를 물리치고 내실을 다져야 하지 않겠는가.

초중고에서 배우는 도덕이나 바른생활 수업에서, 또 부모님이나 위 세대들로부터 우리는 '근검과 절약'을 귀 아프게 들어왔다. 아무리 소득 수준이 높아졌다 하더라도 근검과 절약의 정신은 변함이 없고 생활에서 실천해야 한다. 근검절약한다고 모두 잘사는 것은 아니다. 그러나 부유한 사람들은 대부분 근검절약하는 것으로 알려져 있다. 예전에 어느 재벌 회장의 해지고 밑바닥 닳은 구두가 보여 주었듯이 말이다.

공자는 말했다. "학이불사즉망 사이불학즉태(學而不思則罔 思而不學則殆)", 즉 "배우기만 하고 생각하지 않으면 얻음이 없고, 생각하기만 하고 배우지 않으면 위태롭다."라고.

7.

바람, 구름, 비 그리고 가을

우리는 일상생활하면서 날씨나 계절에 관계되는 어휘를 많이 사용한다. 물론 그중에는 한자에서 유래한 것도 적지 않다. 무엇보다도 바람에 관한 것이다. 집안이나 직장 분위기가 냉랭하면 '찬바람'이 불고, 회사에서 구조 조정이라도 하면 '칼바람'이 몰아친다고 한다. '투기 광풍'이 불면 부동산 값이 치솟고 배우자가 외도하면 '바람피우는 것'이고 자식들이 속 썩이고 집안에 여러 문제가 생기면 "가지 많은 나무 '바람' 잘 날이 없다."라고 한다. 선거에서는 바람이 중요하다는데, 공들여 만든 공약이 여론의 '역풍(逆風)'을 맞기도 한다.

춤바람, 신바람, 치맛바람에 '바람 앞에 등불'이 있는가 하면 '찻잔 속의 태풍'도 있다. '목적지가 없는 배에게는 어떤 바람도 순풍이 아니다'라는 말도 있으며, 특히 도루에 능한 유명한 야구선수를 '바람의 아들'이라고 부르기도 한다. 풍모·풍채·풍수지리·풍광·풍경·풍물·풍월·풍기문란 및 '고풍(古風)스럽다' 등 바람이 들어간 단어는

그래, 난 꼰대다 그래서 도대체 뭐 어쩌라구?

셀 수 없이 많다. 비밀스러운 이야기나 '헤어진 옛 애인이 지금은 어떻게 살고 있나?' 하는 궁금증 등은 어떻게 들어야 호기심도 채우고 감성도 되살아날까? 이런 경우는 우리나 중국이나 미국도 똑같은 정서를 가지고 있는 것 같다. '바람'을 활용한다. 우리는 '바람결'에 들려오는 소식으로, 한자로는 풍문(風聞)으로 그리고 영어로는 'get wind of~'로 표현하는 것이다. 우리나라의 경우에는 바람도 그냥 바람이 아니다. '바람결'이다. 바람에 '결'이 붙는다. 꿈결, 숨결, 마음결, 물결, 살결처럼.

　바람 못지않게 '구름'의 사용례도 다양하다. 앞날에 '먹구름'이 끼고 '구름 잡는 이야기'를 하기도 하고 '뜬구름 같은 인생'을 살며 '청운(靑雲)'의 꿈을 꾸기도 한다. 구름 색깔은 일반적으로 흰색이나 회색 또는 검은색인데 왜 현실에서는 있지도 않은 '푸른 구름'이라고 썼을까? 본래 '청운'이라는 표현은 중국 당나라 현종 때의 재상이었던 장구령(張九齡)이 지은 시에서 유래한 것이다. '푸른 구름'은 높은 지위나 벼슬을 의미하는 것으로 '청운지지(靑雲之志)'는 입신출세하려는 꿈을 뜻한다. 이외에도 사람이 많이 모인 것을 '구름같이 모였다(雲集)'고 말하기도 하고, 여러 명승지에는 '구름다리'도 있다. 중국 진(晉)나라 때의 시인 도연명은 「정운(停雲)」이라는 시를 지었는데, 그는 서문에서 정운은 친구를 그리워하는 것이라고 하였다. 도연명은 벗을 그리워하는 마음을 흘러가는 구름이 아니라 '멈추어 선 구름'으로 표현한 것이다.

　신라의 석학 최치원은 자(字)와 호(號)에 구름을 넣었다. 자는 '고운(孤雲)'으로 '외로운 구름'이라는 의미인데, 뜬구름 같은 삶을 자에 담았지 않았을까? 그는 '해운(海雲)'이라는 호도 갖고 있는데, 그가 부산 지역을 지나면서 머물던 곳이 그의 호를 딴 지금의 해운대이다. '자'는 성년이 되면 부모나 집안 어른이 지어 주는 호칭이고, '호'는 이름이나 '자' 이외의 호칭으로 대부분 자기가 짓는다.

바람과 구름을 묶어 사용하기도 한다. 풍운아(風雲兒)가 대표적인 사용례로 '좋은 기회를 타고 활약하여 세상에 두각을 나타내는 사람'을 뜻한다. '풍류운산(風流雲散)'이라는 표현도 있는데, "바람이 불어 구름을 흩어 버린다."라는 의미로 자취도 없이 사라짐을 비유적으로 이르는 말이다.

바람이나 구름 못지않게 아니 오히려 더 많이 사용되는 것이 '비'가 아닐까 싶다. '가랑비에 옷 젖는 줄 모른다', '빗발치다', '비가 오나 눈이 오나…', '비 맞은 장닭 같다'는 말들이 좋은 예이다. 농경 사회에서 비는 가장 중요한 기상 현상이었기에 비에 관한 속담이나 관행어가 많은 것이다. 현대에서도 비는 그 혜택이나 불편함 등을 떠나 심리적으로도 가장 관심이 큰 날씨 상황이다.

비 내리는 날에는 '세로토닌'과 '멜라토닌'이라는 호르몬으로 인하여 쉽게 화를 내거나 우울해지는 등의 정신적 변화가 생기고, 파전이나 밀가루 음식이 입맛을 당기기도 한다. 사람들은 또 감성에 빠지기도 한다. 구름과 비를 합쳐 표현하기도 하는데, 남녀 간의 사랑 행위를 말할 때 쓰는 '운우지정(雲雨之情)'이 대표적인 예이다.

그러면 안개는 어떨까? 안개 역시 우리 생활 용어에 많이 녹아 있

그래, 난 꼰대다 그래서 도대체 뭐 어쩌라구?

다. '오리무중(五里霧中)'이나 '안개 속' 등이 대표적인 예이다. 특히 안개는 비와 함께 사람들의 가슴을 적시는 날씨 요소이기도 하다.

반면에 눈은 비나 구름과는 달리 우리 생활 속에 녹아 있는 어휘가 그리 많지 않다. 그러나 우리들은 눈에 대하여 특별한 감성을 가지고 있다. 비나 안개가 '이별'의 정서라면 눈은 '만남'의 다리 역할을 한다. 특히 '첫눈' 때 말이다. 그래서인지 이별이나 그리움을 표현하는 노래에는 제목이나 가사에 비나 안개가 들어가고, 만남에 대하여는 눈이 많이 들어간다. 아마도 눈은 순결과 만남, 그리움 및 포근함 등을 갖게 해서 그렇지 않을까. 사람은 물론이고 개들도 눈이 오면 덩달아 뛰어다니는 것이 사람과 비슷한 감정을 느껴서일지도 모른다. 우리는 '첫눈'을 고대하며 그리운 사람과의 만남에 가슴 설레 한다. 우리와는 달리 몽골에서는 '첫 비'를 기다린다고 한다. 그 이유는 '첫 비'가 온다는 것은 초원에 쌓였던 눈이 녹고 가축들이 먹을 풀이 돋아난다는 것을 뜻하기 때문이라고 한다.

다음으로 기온 즉 온도에 대하여 살펴보자. 우리는 온도가 없는 것에도 따뜻하고 차가운 감정을 불어넣는다. 사람만 따뜻하고 찬 것이 아니다. 마음이 따뜻하고 차다거나 목소리가 따뜻하고 차다고 표현한다. TV 보다가 '야동' 같은 장면이 나오면 낯 '뜨거워' 같이 보던 아이들에게 얼른 방에 들어가 자라고 한다. 이외에도 많은 사용례가 있다. 외부 사람 대하는 태도가 '차갑다'라거나 하다못해 달빛에도 '차갑다'는 어휘를 쓴다.

우리나라 사람들의 경우에는 심정적이 아닌 측면에서 '찬 것'에 대한 호감도가 높다. 겨울에도 '아이스 아메리카노 커피'를 즐겨 마시고, 식당에서는 계절에 관계없이 냉수를 제공하며, 많은 사람들이 겨울에도 냉면을 먹는다. '찬 것'에 대한 친밀감은 속담이나 생활용어 속에도 녹아 있다. '찬물도 위아래가 있다'라거나 '아이 보는 데는 찬물도 못 마신다' 또는 '찬물도 급히 마시면 체한다' 등이다. 재미있는 표현으로는 '과부는 찬물만 먹어도 살이 찐다'는 말이다. 남편 시중을 들지 않아도 되는 과부의 편안한 마음을 나타낸 것이다. 그 외에 뜨거운 음식을 먹으면서도 하는 말은 "아! 시원하다"이거나 이별할 때 '시원섭섭하다'는 표현도 한다. 부정적인 면에서는 '찬밥 신세'라거나 '찬물 끼얹다'라는 말이 쓰이기도 한다.

　그러면 계절에 대하여는 어떠할까? 김소월의 「산유화」라는 시는 '산에는 꽃 피네 꽃이 피네 / 갈 봄 여름 없이 꽃이 피네…'로 시작한다. '갈'은 가을의 준말이다. 그런데 '봄 여름 갈'이 아니라 '갈'이 왜 제일 먼저 나왔을까? 눈에 띄는 꽃들이 가을에 가장 많이 피는 것도 아닌데, '갈'을 제일 먼저 내세운 것은 물론 작가의 여러 가지 생각이 있었겠지만, 계절 중에서 가을을 가장 마음에 들어 했던 것은 아니었을까?

　계절에 대한 선호도 조사는 여럿이 있는데 조금씩 차이가 난다. 그러나 대부분의 조사에서 50% 내외의 응답자가 가을을 가장 선호하는 계절로 꼽았다. 가을은 기상학적으로 보통 9월에서 11월까지이지만 우리나라 세시풍속에서의 가을은 음력 7월부터 9월까지를 말한다. 가을은 단풍과 수확의 계절이자 겨울을 준비하는 계절이기에 변해 가는 자연의 아름다움과 수확에 대한 감사의 마음도 느끼게 하지만, 이별과 쓸쓸함, 그리움, 고독과 비애 그리고 처연함 등의 감정을 불러일으키기도 한다.

우리 민족이 위기에 강한 이유 중에는 계절도 포함된다고 할 수 있다. 사계절이 뚜렷한, 너무나 뚜렷한 우리나라에서 살을 에는 혹한의 겨울, 찌는 듯한 폭염의 여름을 견디고 나면, 따듯한 봄이 오고 시원한 바람이 살랑살랑 부는 가을이 온다는 것을 알기 때문에 어려움을 이겨 내는 것이리라.

날씨가 매일 매일 달라지고 계절이 바뀌는 것에 대해 둔감해지는 것은 나이를 먹는다는 것일까? 아니면 나이를 먹었다는 의미일까?

8.
대한민국에만 있는 독특한 것들

나라마다 자연환경, 풍습 및 민족성 등에 따라 특수한 제도나 규칙, 또는 일상 속의 특별한 생활 방식 등이 있다. 우리나라에는 무엇보다도 국민들의 급한 성격, 몰려서 따라하는 군집성(群集性), 그리고 좋게 표현하면 도전 정신 또는 개척 정신이라고 할 수 있지만 어떻게 보면 무모하다고도 할 수 있는 기질 등으로 인하여 세계 어느 나라에도 없는 독특한 것들이 많다.

첫 번째는 서울 시내의 주요 교차로 등에서 볼 수 있는 '예측출발금지'라는 교통 표지판이다. 일반적으로 교통 신호등은 녹색 신호등과 적색 신호등이 서로 바뀔 때는 바로 바뀌지 않고 주의하라는 의미의 황색 신호등을 거쳐 바뀌게 된다. 따라서 모든 차량은 교차로 등의 정지선에서 황색 신호등이 녹색으로 바뀐 후에 출발하여야 한다. 그러나 성질 급한 우리나라 운전자 중에는 황색 신호등임에도 불구하고 이때쯤이면 녹색으로 바뀌리라 예측하여 미리 출발하는

그래, 난 꼰대다 그래서 도대체 뭐 어쩌라구?

것이다. 이로 인한 교통사고를 예방하기 위하여 '예측출발 금지'라는 전 세계에서 아마도 우리나라가 유일한 웃지 못할 교통 표지판이 생기게 된 것이다. 최근 많은 학부모들이 자녀들의 선행 교육을 부추기는 것도 이러한 예측출발 심리의 한 단면이지 않을까 싶기도 하다.

두 번째는 수많은 ○○방, ○○방, ○○방이다. 처음에는 노래방으로 시작하여 PC방, 찜질방을 거쳐 요즈음에는 귀청소방, 멀티방 그리고 '룸 카페'까지 있다. 노래방의 경우는 발상지인 일본보다도 우리나라에서 더욱 번창하였고, PC방은 이제 전 세계적으로 확산되었으며, 찜질방 또한 사우나도 아니고 그렇다고 목욕탕도 아니고 여관도 아닌 독특한 영업 형태 덕분에 외국인들의 호기심과 찬사를 함께 받고 있으며, PC방의 후속타로서 세계화될 조짐을 보이고 있다.

세 번째로 어느 나이트클럽에서는 일정 시각 이전에 입장하는 여성 손님에게는 입장료를 받는 것이 아니라 오히려 일정 금액의 현금을 제공한다. 해당 업소의 광고 전단지에는 이 내용이 크게 부각되어 있다. 아무래도 나이트클럽 손님 중에서 경비를 부담하는 쪽은 주로 남성 고객이므로 여성 손님을 많이 오게 하여 영업을 활성화하려는 상술이 아닐까 싶은데, 어쨌든 이것 또한 과문한 탓인지는 모르지만 우리나라에만 있는 것이 아닐까 생각된다.

네 번째는 초·중·고 학생들을 위한 과외 학원 밀집 지역인 '학원가'이다. 수도권에서는 서울의 대치동, 목동, 근래 새로 부각되고 있는 노원구 일대, 안양 평촌가 등이 대표적인 학원가라 할 수 있다. 외국의 경우 우리나라의 먹자골목처럼 식당들이 몰려 있는 지역은 있어도 학원이 몰려 있는 것은 우리나라가 유일하지 않나 싶다.

다섯 번째는 엊그제 지나간 소위 '빼빼로데이'이다. 어느 제과 업체의 영업 전략이긴 하지만 어느 사이에 '밸런타인데이', '화이트데이'처럼 '이벤트 데이'로 자리를 잡은 것 같다. 11월 11일은 원래 농민들이 흙에서 산다는 의미에서 "土" 자를 파자(破字)하면 "十一"이 되므로 '농업인의 날'이 되었으며, 또한 두 다리로 걷는다는 의미에서 '보행인의 날'이기도 한데, 이 두 가지는 잘 모르고 '빼빼로데이'로만 기억되는 것 같아 조금은 아쉽기도 하다.

여섯 번째는 헌혈하는 것을 일정한 봉사 시간으로 인정해 주는 제도이다. 혈액을 필요로 하는 사람은 많고 공급자인 헌혈자는 많지 않은 상황에서, 학생들이 자원봉사처를 찾기 어려운 사정도 감안한 묘책이라고도 생각되나 이 또한 우리나라만의 독특한 제도가 아닐까 싶다.

이외에도 오토바이가 아무 제재 없이 사람 많이 다니는 인도로 주행하는 것, 지하철 등의 에스컬레이터에 실제적 추월선이 있는 것 등이다.

이러한 것들은 대부분 우리 민족의 기질과 특성을 나타내 주는 것이라 일면 수긍이 가면서도 한편으로는 실소를 자아내게도 한다.

[과우사랑방카페 필자 기고문(2013.11.13)]

9.

성군(聖君) 조선 성종(成宗)이 보여 준
한민족의 용심(用心)

어명을 어긴 홍문관 교리 유호인

성종은 어느 날 홍문관 관원에게 영의정 윤필상의 사직상소에 대한 불윤비답(不允批答)을 그의 집으로 직접 가서 전하도록 명했다. 홍문관은 예전 집현전의 기능을 이어받은 조선왕조의 행정기관이자 연구·자문 기구로서, 궁중의 경서(經書) 및 사적(史籍) 관리와 함께 문한(文翰)을 처리하고, 또한 임금 교육의 핵심인 경연과 아울러 주요 사안에 대하여 임금의 자문에 응하던 중요한 기관이었다. 그렇기 때문에 항상 삼정승 중의 한 사람이 홍문관의 명목상 최고 책임자인 영사(領事) 자리를 겸임했었다. 한편 비답은 신료가 올린 상소에 대하여 국왕이 답변하는 문서인데, 사직 요청을 허락하지 않는다는 불윤비답이 가장 많았다.

성종의 불윤비답 전달 명령을 듣게 된 당시 홍문관 교리 유호인(俞

好仁)은 임금에게 어명의 부당함을 강하게 진언했다. 홍문관 교리는 정5품의 관직으로 그의 역할은 임금의 명령이나 글을 대신 짓고 자문에 응하며, 무엇보다도 경연관의 역할이 가장 중요했다. 유호인의 반대 이유는 홍문관에서 이미 영의정에 대하여 논박하였는데, 그의 사직서를 돌려주는 심부름을 홍문관 관리가 하는 것은 옳지 않다는 것이었다. 어명을 거부하는 것은 다른 경우 같으면 상상도 못 할 일인데 왜 그러한 일이 벌어졌을까?

유호인 등 홍문관 관리들은 당시 지진, 우박, 겨울철 천둥과 번개 등 자연재해가 잇따르자 성종에게 영의정의 경질, 정확히 표현하면 영의정이 낸 사직원의 조속한 수리를 요청했었다. 영의정은 의정부(議政府)를 대표하는 정1품의 최고위 관료인데, 조선왕조의 국정운영법전인 『경국대전(經國大典)』에서는 의정부의 기능을 "백관을 통솔하고 서정을 고르게 하며, 음양을 다스리고 나라를 경륜한다(總百官 平庶政 理陰陽 經邦國)."라고 되어 있기에, 자연재해 발생에는 영의정의 책임도 있다고 믿어 윤필상의 사퇴를 상언했던 것이다. 그렇지 않아도 윤필상은 여러 차례 사표를 제출했으나 성종은 수용하지 않고 있던 상황이었다.

유호인은 "면대해서는 순종하다가 물러가서 뒷말을 해서는 안 된다."라는 서경(書經)의 말을 인용하면서 임금의 하교를 받들지 못하겠다는 의지를 굽히지 않았다. 면종복배(面從腹背)하지 않겠다는 것이었다. 유호인은 더 나아가 굳이 불윤비답을 전하려 한다면 자기를 파직시키고 어질고 능력이 있는 이를 대신 임명하여 가지고 가게 하라고까지 진언했다.

이에 성종은 어명을 어긴 자는 국문(鞫問)을 피할 수 없다고 하면서 유호인에게 압박을 가하지만, 유호인은 국문을 당할지언정 임금의 하명은 따르지 못하겠다고 말한다. 국문은 피의자에게서 자백을 받기 위해 형장(刑杖)을 가하는 심문을 말한다. 국문의 특징은 임금의 명령이 있어야만 할 수 있고, 그 대상은 반역죄나 강상죄(綱常罪)와 같은 중죄에 한하였었는데 이때 임금이 친히 국문하는 것은 친국(親鞫)이라 칭했다.[11]

성종은 사헌부에 유호인 등에 대한 국문을 명하고 불윤비답의 전달은 다른 사람이 하게 하였다. 유호인에 대한 국문 지시에 대사간과 홍문관의 관원들이 반대하고 나섰다. 이에 성종은 영의정을 사임시키지 않는 이유에 대하여 답하면서 본인의 의견을 피력한다. 각종 천변(天變)이 일어난 것은 임금이 덕이 없어 그런 것인데, 명목 없이 정승을 내치면 이는 본인의 부덕을 더 중하게 하는 것이라고 하면서, 국문에 대하여는 경연에서 의견을 묻기로 하고 넘어간다. 아마도 이때 성종은 유호인에 대한 국문을 마음속으로는 원하지 않았음에도 유호인이 어명을 따르지 않으니까 한번 제스처를 쓴 것이 아닌가 싶기도 하다. 경연에서는 중신들이 틀림없이 유호인에 대한 국문을 반대할 것임을 짐작하고 있었기에 경연으로 공을 넘긴 것이리라.

---

11 전용덕, 「국문(鞫問)」, 『한국민족문화대백과사전』, 한국학중앙연구원

유호인에 대한 성종의 대응

얼마 후 성종은 파직 등 처벌이 아니라 거꾸로 유호인을 승진시켜 정4품의 사헌부 장령으로 발령을 냈다. 그러던 중 유호인은 70세가 된 어머니를 고향에서 봉양하기 위하여 사직원을 제출한다. 이에 성종은 좌부승지의 건의대로 유호인의 어머니를 한양으로 모시고 오도록 했다. 그러나 유호인은 어머니가 남편을 잃은 두 딸과 어미를 잃은 손자 두 사람이 같이 살고 있어 한양으로의 이사가 불가함을 피력한다.

성종은 승정원에 명했다. "임금 섬길 날은 길지만 어버이 섬길 날은 짧다고 한다. 유호인은 보통 사람이 아니니 한 자급을 더하여 고향 부근 지역의 수령에 제수하라."[12] 유호인은 합천 군수로 발령받는데, 성종이 임지로 떠나는 유호인에게 한 전교는 이러했다. "충효(忠孝)를 다 온전히 이루기란 본시 어려운 것이므로 그대에게 한 자급을 더하고, 부근 수령에 제수하는 것이니 그대는 그리 알라."[13] 중형을 받게 되었을지도 모르는데 오히려 승급되어 어머니를 모실 수 있도록, 고향 부근의 지방 수령으로 나가는 유호인의 임금에 대한 마음은 어땠을까?

---

12 성종 25년(1494) 2월 13일(임신) 7번째 기사 일부, 성종실록 287권(국사편찬위원회 조선왕조실록 https://sillok.history.go.kr/id/kia_12502013_007 accessed 2022.12.4)

13 성종 25년(1494) 2월 13일(임신) 7번째 기사 일부, 성종실록 287권(국사편찬위원회 조선왕조실록 https://sillok.history.go.kr/id/kia_12502013_007 accessed 2022.12.4)

그래, 난 꼰대다 그래서 도대체 뭐 어쩌라구?

유호인은 뛰어난 문재(文才)였다. 한번은 성종이 승정원에 명하여 문신으로서 제술(製述)에 능한 자를 뽑게 하였다. 70여 명이 인정전 뜰에 모여 '가을 달이 밝게 빛난다(秋月揚明輝)'는 것으로 배율(排律) 10운(韻)을 짓게 하였는데, 당시 공조 좌랑이었던 유호인이 장원을 하여 녹라(綠羅) 1필을 상으로 받았다. 얼마 후에는『유호인시고(俞好仁詩藁)』를 편찬하여 성종으로부터 표리(表裏)를 하사받기도 하였다. 그러다 보니 유호인은 글을 좋아하는 성종의 지극한 총애를 받았다.

유호인은 합천 군수로 부임한 지 얼마 되지 않아 안타깝게도 병사했다. 성종은 유호인의 사망 소식을 듣자 쌀·콩 아울러 15석, 유둔(油芚) 3사(事), 종이 70권, 석회 20석을 부의하도록 승정원에 명했다. 사관들은『조선왕조실록』에 유호인의 죽음에 대해 이렇게 기록했다.

"유호인은 문장과 행실이 있어서 시배(詩輩)들의 추대를 받았는데, 시를 잘 지어 격률(格律)이 우아하고 옛스러웠다. 오래도록 경악(經幄: 경연)에 있다가 친히 여러 번 외방에 보임되었는데, 이때에 이르러 또 돌아가서 몸을 돌보겠다고 빌었었다. 임금이 그 재주를 아끼어 특별히 자급을 올려서 부근 군(郡)에 임명하였으나 몇 달이 되지 아니하여 죽으니 사림(士林)이 그를 아까워하였다."[14]

지금으로 치면 4급 공무원에 해당하는 신하로서 어명의 부당함을

---

14 성종 25년(1494) 4월 8일(병인) 2번째 기사 일부, 성종실록 289권(국사편찬위원회 조선왕조실록 https://sillok.history.go.kr/id/ia_12504008_002 accessed 2022.12.4)

지적하고, 엄한 처벌이 뒤따를 수 있음을 알면서도 끝까지 명을 따르지 않은 유호인의 높은 기개와 굳은 심지, 그리고 어명을 어겼음에도 신하의 굽힐 줄 모르는 의지와 신념, 충의를 가슴으로 인정하고, 특별 승급까지 시켜 고향 근처의 군수로 임명했던 성종의 포용력과 '마음 씀(用心)', 이 모두가 성군과 현신(賢臣)의 처신이라 아니할 수 없다. 상황이 이러하면 그 어떤 신하가 성종 같은 임금에게 충성을 바치지 않겠으며, 그 어떤 임금이 유호인 같은 충신을 아끼지 않겠는가.

한편 영의정 윤필상은 무려 19번의 사직상소 끝에 사임을 허락받았다. 윤필상을 신뢰했던 성종은 그의 사직을 할 수 없이 받아들이면서 속마음을 전했다.

"영상(領相)이 인혐(引嫌)하기를 이처럼 극진함에 이르렀는데, 내가 들어주지 아니하면 대간(臺諫)이 반드시 없는 허물을 찾아서 말할 것이니 영상에게도 어찌 편안하겠는가? 이런 까닭에 마지못하여 그대로 따르니 이 뜻으로 그 의윤(依允)하는 비답(批答)을 지어서 답하라."[15]

---

15 성종 24년(1493) 10월 29일(경인) 2번째 기사 일부, 성종실록 283권(국사편찬위원회 조선왕조실록 https://sillok.history.go.kr/id/kia_12410029_002 accessed 2022.12.5)

그래, 난 꼰대다 그래서 도대체 뭐 어쩌라구?

III

하느님이 보우하사,
아! 대한민국

1.
꼭두새벽 만원 버스 타는
우리 시대의 영웅들

아침 5시 20분, 필자는 20여 년 전 국방대학교 안보관리 과정에 1년 다니면서 안양 평촌의 범계역에서 이 시각에 당고개행 첫 지하철을 탔었다. 삼각지와 디지털미디어시티역에서 두 번 갈아타고 수색역에서 내려, 마지막으로 버스를 타고 학교에 갔다. 학교에 도착하면 7시부터 한 시간 국선도를 하고, 구내식당에서 간단히 아침을 먹은 후 강의에 들어갔었다.

그런데 처음에 첫 지하철을 탔을 때 깜짝 놀랐었던 기억이 지금도 생생하다. 그 이른 시각임에도 빈자리는 전혀 없고 약간 붐빈다 싶을 정도로 승객들이 많았다. 그것도 대부분 나이가 드신 분들이었다. 꼭 두새벽에 어딘가 가는 이분들은 대체 무엇 하는 분들이었을까? 종점에서 타시는 분 같으면 늦어도 4시에는 집을 나서야 하는 것이고, 그러려면 최소한 3시 정도에는 일어나야 하는 것이다.

그러나 서울에는 첫차 시간이 더 빠른 버스가 있다. 오전 3시 50분

그래, 난 꼰대다 그래서 도대체 뭐 어쩌라구?

시발점을 출발하는 버스다. 원래는 4시 5분이 첫차 시간인 버스가 있었는데 첫차 시간을 15분만 앞당겨 달라는 민원이 많아 15분 빠른 버스가 등장한 것이다. 그러면 이 버스를 타시는 분들은 도대체 몇 시에 일어나시는 것일까?

필자의 경우 공직에 들어오기 전 한국전력공사에 근무했었는데, 당시에는 직원들의 근무 직군(職群)이 발전, 송·변전, 배전 및 영업의 4분류로 되어 있었다. 필자는 발전 직군이었기 때문에 처음에는 삼척화력발전소, 뒤를 이어 강릉 안인에 있었던 영동화력건설사무소 그리고 예전에 당인리발전소로 불렸던 서울화력발전소에서 화력발전소의 건설, 시운전 및 운영 업무를 담당했었다. 전력 공급은 1분 1초도 중지되어서는 안 되는 것이기에 모든 발전소와 변전소는 24시간 가동되며, 그에 따라 발전 직군과 송·변전 직군의 직원들은 대부분 교대 근무를 한다. 따라서 필자는 몇 년간 낮 근무, 오후 근무, 밤 근무로 돌아가는 4조 3교대 근무를 했었다. 낮 근무의 경우 오전 8시 교대인데 실제로는 20~30분 전 도착하여 현황 인수를 한다. 그러기 위해서는 2시간 가까이 걸리는 출근 시간을 감안하여 4시 30분 정도에는 일어나야 했었다. 당시에는 그것이 상당히 힘든 일이었다고 생각했었는데, 3시 50분 버스 타시는 분들에 비하면 그야말로 일도 아니었다.

새벽 만원 버스는 서울 지역에만 179개 노선이 있는데, 이 시간대 이용 승객이 최소 2만 5천 명 이상으로 추정된다고 한다. 대부분은 60~70대 여성들이고 직업은 건물 등의 청소 업무에 종사하시는 분들이 많으며, 그 외에 경비나 회사 구내식당 조리원 및 건설 현장 근로자들이라고 한다.

외국인들이 우리나라에 처음 왔을 때 여러 가지 놀라는 것이 많지만, 그중에서도 인천공항, 지하철 등 대중교통 그리고 공중화장실의 편리함과 깨끗함을 든다고 한다. 특히 화장실의 경우는 건물 안이건 공중화장실이건 모두 화장지 등 편의 용품이 100% 갖춰져 있는 데다가 무료고, 심지어 자기네 집 화장실보다도 더 깨끗하다고 할 정도로 청결 상태가 좋다는 것이다. 여기에는 무엇보다도 새벽 버스 타시는 분들의 노고도 있지 않겠는가. 감사한 마음 금할 수 없다.

나이대로 봐서는 대부분 6.25 전후 세대인데 그렇다면 아마도 대부분 갖은 풍파를 다 겪으며 세월을 이겨 낸 분들일 것이다. 젊을 때 고향을 떠나 1970~1980년대 구로공단 등의 산업체에서 밤잠을 아껴 가며 돈을 벌어, 두고 온 가족들의 생계를 책임지고 동생들 대학 보내고, 본인들은 산업체 부설 학교 등 야학에서 공부하면서 미래를 개척해 오신 분들도 계실 것이다. 이러한 분들이야말로 중동의 열사 위에서 땀 흘렸던 해외 근로자, 이역만리 대양에서 거센 파도를 헤치며 참치를 잡았던 원양어선 선원들, 파독 간호사 및 광산 근로자들과 함께 대한민국의 경제 성장과 사회 발전에 큰 역할을 하신 우리 시대의 영웅이라 아니할 수 없다. 적지 않은 나이에도 열심히 일하시는 이분들 모두 건강하시고 행복하시길 빈다.

그래, 난 꼰대다 그래서 도대체 뭐 어쩌라구?

2.
한국인의 '미다스의 손'

음식에 대한 입맛은 나이나 때에 따라 변하지만 세월이 지나도 변하지 않는 것은 아마도 어머니가 해 주시던 음식과 짜장면에 대한 입맛이 아닌가 싶다. 짜장면은 대부분의 사람들에게 항상 추억의 맛, 질리지 않는 맛으로 사랑받고 있는데, 그것은 어릴 때 부모님과 함께 가장 처음 맛본 외식이었고, 다른 외식 음식에 비하여 비교적 쉽게 접할 수 있었던 음식이었기 때문일 것이다. 그래서 그런지 요즈음 시내나 시골길 곳곳에서 '옛날 짜장'을 선전하는 것을 어렵지 않게 볼 수 있다.

짜장면 못지않게 사랑받는 것이 짬뽕이다. 따라서 중국집에서 간단한 음식을 주문할 때 항상 짜장면을 시킬까 아니면 짬뽕을 시킬까 고민하게 되고, 주문해 놓고는 옆 사람이 먹는 것을 보고는 '다른 것을 시킬 걸' 하고 후회한 경험이 한두 번은 다 있을 것이다.

이러한 소비자의 고민이랄까 또는 수요를 알아차린 중국집 사장님들이 처음에는 짜장면에 짬뽕 국물을 서비스로 주더니, 나중에는 아예 짜장면과 짬뽕을 합한 '짬짜면'이라는 복합 메뉴를 선보였다. 요즈음에는 이러한 복합 메뉴가 더 개발되어 짬짜면 이외에 볶음밥, 짜장면, 탕수육과 짬뽕의 교합 메뉴인 '볶짜면', '볶짬면', '탕짬면', '탕볶밥', '짜탕면' 등 일면 혼란스러울 정도로 다양해졌다.

중국집에서 파는 음식만 그런 것이 아니다. 우리 음식 중 '국'과 '찌개'는 국물의 양으로 구분하는데, 찌개 중에는 김치찌개, 오징어찌개처럼 한 종류의 주 건더기가 들어가는 것이 아니라 고기와 여러 가지 야채를 섞어서 끓인 '섞어찌개'까지 있다. 거기에 더하여 오징어와 삼겹살을 섞은 '오삼불고기'가 있는가 하면 낙지와 곱창 그리고 새우를 섞은 '낙곱새'도 있다.

음식 메뉴를 섞어 결합한 것은 우리의 대표적인 길거리 음식에도 있다. 특히 한식과 외국의 음식 재료를 섞는 것이다. 치즈를 떡볶이나 닭갈비에 섞는 '치즈떡볶이'나 '치즈닭갈비', 붕어빵에 팥소 대신 슈크림을 넣는 것 등이다. '밥버거'나 '불고기버거' 등도 좋은 예이다.

한민족 '섞기 음식'의 원조는 뭐니 뭐니 해도 비빔밥일 것이다. 비빔밥은 평양냉면, 개성탕면과 함께 조선시대 3대 음식이었다. 비빔밥은 보편적인 일품요리로 '골동반(骨董飯)'이라고도 하였고, 궁중에서는 '비빔'이라고 하였다.[16]

우리 한국인은 음식만 섞는 것이 아니다. 생활 편의 시설에서도 종전에는 전혀 생각하지 못했던 부분까지 결합한다. 식사까지 할 수 있

16 황혜성, 「비빔밥」, 『한국민족문화대백과사전』, 한국학중앙연구원

그래, 난 꼰대다 그래서 도대체 뭐 어쩌라구?

는 PC방, 커피를 마시며 좋아하는 반려동물들과 즐거운 시간을 보낼 수 있는 애견 카페와 고양이 카페 그리고 컵라면 등 간편식을 조리하여 취식까지 할 수 있는 편의점, 거기에 더해 택배 접수 및 수령·보관까지 가능한 편의점, 더 나아가 구매 상품을 배달해 주는 편의점까지 생겨났다.

도입 초기에 오락실과 결합하여 소위 '오래방'으로 불렸던 우리나라의 노래방, 대형 병원 내 여러 종류의 식당이나 편의점 심지어 사무 지원 기능까지 갖추고 소규모 쇼핑몰이라 해도 과언이 아닐 정도의 시설 등은 본래의 기능에 부가적인 역할이 접합된 것이다. 요즈음에는 카페와 독서실을 합한 기능의 '스터디카페' 그리고 약국과 카페가 함께 있는 약국카페까지 생겼다. '숍인숍(shop in shop)'이 활성화되고 있는 것이다. 이러한 결합 시설들 중 일부는 일본 등 외국이 발원지임에도 우리나라에 들어와 한민족의 흥, 빨리빨리 문화, 불편함을 참지 못하는 기질 등이 반영되어 부가 기능이 합쳐진 후 히트를 친 것들이다. 고속도로 휴게소와 찜질방 또한 여기에서 빼놓을 수 없다.

비슷한 예로는 라면과 만두를 들 수 있다. 라면은 일본이 원조지만 우리나라에서 한민족 식성의 특징인 '매운맛'을 강조한 '신라면', '불닭볶음면' 등이 개발되어 세계인의 라면으로까지 발전되었다. 이렇다 보니 최근 일본의 라면 회사가 우리나라 라면을 모방하여 판매하는 웃지 못할 상황까지 벌어졌다.

라면이 이렇다면 만두는 어떨까? 만두의 기원국은 "중국이다, 아니다." 등 '설'들이 많지만, 우리나라가 아닌 것만은 분명하다. 그런데 '비비고 만두'는 피가 두껍고 탄수화물이 많은 중국·일본의 만두와 달리, 얇은 피에 고기와 야채의 균형이 좋아 외국 특히 미국에서도 인기를 끌고 있는데, 2020년도에 단일 품목으로는 식품 업계 최초로 연 매출 1조 원을 돌파하는 기록을 남겼다고 한다. 이에 따라 만두의 시조국이 김치와 같이 대한민국으로 생각하는 외국인도 많다고 한다. 라면과 만두 모두 우리나라가 최초 개발국이 아닌데도 기발한 전략과 집중적인 연구 개발로 기원국들을 뛰어넘은 것이다. 이러한 예는 딸기, 샤인 머스캣(shine muscat)과 관상용 화분 선인장인 접목 선인장의 경우에도 있다.

　이러한 것들 외에 우리나라의 식당을 외국인들이 보면 그들의 상상을 초월하는 것이 많을 것이다. 주문은 키오스크나 식탁에 부착된 태블릿으로 하고, 식탁에는 종업원 호출 벨, 식탁 옆서랍에는 냅킨이 함께 담겨진 수저통 그리고 고깃집에서는 옷에 냄새 배는 것을 막기 위한 의자 겸 옷 보관통이 준비되어 있다. 특히나 삼겹살 등 고기는 손님이 식탁에서 직접 굽고 탕 등도 많은 경우 식탁에서 바로 끓여서 손님이 먹도록 하고 있다. 게다가 서빙은 로봇이 하며 더욱 기상천외한 것은 어린이 놀이방이 같이 있는 식당도 있는 것이다. 외국의 언론들은 K-Pop 등 K-Culture의 세계적 확산 원인으로 여러 부분을 들었지만, 필자가 느끼기에 K-Pop의 경우 눈에 띄는 대목은 가사에 영어와 한국어의 혼용, 한국인과 외국인이 함께 하는 팀 멤버 그리고 성별이나 나이 그리고 국적 불문하고 한데 묶는 팬덤 등의 '결합력'이 아닐까 한다.

　이처럼 흡수, 결합, 가공 및 개선의 천재들 한국인, 그들의 손은 분명 '미다스의 손'임에 틀림이 없다. 감탄이 저절로 나온다.

3.
일본에 퍼진 한류(韓流),
하라주쿠와 신오쿠보

2002년 초 방영된 KBS 미니시리즈 「겨울연가」, 우리는 많은 사람들이 아련한 첫사랑의 추억을 되새기며 애틋한 마음으로 그 드라마를 본방 사수했던 것을 기억하고 있다. 「겨울연가」는 우리나라뿐만 아니라 일본에서도 큰 인기를 끌었고, 특히 중장년 주부들을 중심으로 강한 팬덤 현상이 일어나기도 했었다. 일본 팬들은 강준상 역을 맡았던 배용준을 '욘사마'로, 그리고 정유진 역의 최지우를 '지우히메'로까지 부르며 팬심을 표현했었다. '사마'는 어떤 사람을 극존칭할 때 사용하는 용어이고, '히메'는 공주를 뜻한다고 한다. 일본의 수많은 「겨울연가」 팬들은 극 중에서 준상과 유진이 첫 키스를 나눴던 남이섬과 춘천의 준상이네 집 등 드라마 촬영 장소를 찾아다니며 드라마에 대한 감흥을 되새기곤 했다.

이 「겨울연가」가 일본 내 한류의 시초였을까? 그 후 카라, BTS 및 블랙핑크 등에 의한 K-Pop과 「기생충」, 「이태원 클라쓰」, 「오징어 게임」및「이상한 변호사 우영우」등의 K-Movie와 K-Drama 등을 통하여 이 한류는 이어졌고, 세대를 넘어 더욱 널리 퍼졌다.「겨울연가」때에는 팬덤이 주로 중장년 주부로 한정되어 있었다면, 지금의 한류붐은 젊은 층, 하다못해 초등학생에게까지도 번져 일본 젊은 세대들의 한국에 대한 인식을 크게 흔들고 있다고 해도 과언이 아닌 것으로 보인다. 일본의 청소년들은 남녀 불문하고 한국의 화장법, 의상, 유행어 등을 따라 하고, 심지어 초등학생들은 한글로 쓴 이름표를 붙이고 다닌다고도 한다. 중고등학교 학생들이 한국의 학생 교복을 좋아하자 한국 학생 교복 대여점까지 생겨났다.

한류에 대한 갈증이 오죽이나 컸으면 'COVID-19' 상황으로 한국 여행이 어려웠을 때, 젊은 여성들을 중심으로 마치 한국에 온 것처럼 여럿이 모여 한국 음식을 먹고 한국에서의 생활처럼 즐기는 소위 '도한(渡韓)놀이'까지 유행했을까.

상황이 이러하여지자 이제까지 일본 문화의 상징적 장소이자 도쿄의 명소(hot place)였던 하라주쿠(原宿)의 활기는 줄어들고 대신 코리아타운 인근의 신오쿠보(新大久保)역 주변 한국 상점가가 번창한다고 한다.

그러면 일본 내 한류는 이번이 처음일까? 언론 등에서는 현재의 상황을 4차 한류로 표현하고 있는데, 이는 아마도「겨울연가」때를 1차로 하여 그동안 있었던 K-Pop 그룹 카라, 소녀시대, 빅뱅, BTS, 블랙핑크 등의 활동 시기에 따라 구분한 듯하다. 그러나 역사를 되돌아보면 한류의 큰 파도로는 세 번째로 보아야 한다. 첫 번째 한류는 4세기 말 백제에서 집단으로 일본으로 건너간 한국인들에 의한 것이다.

660년 백제가 멸망하고 668년 고구려마저 패망한 후 고국을 떠나 당시 왜라고 불렸던 일본으로 간 한국인들에 의해서도 'Korean Wave'는 이어졌을 것이다. 일본인들은 '시시하다', '별 볼 일 없다'는 뜻으로 '쿠다라나이'라는 말을 쓴다고 한다. '쿠다라'는 백제를 뜻하므로 '백제가 아니다', '백제 것이 아니다'는 의미인데, 이는 고대 일본인들이 백제 문화를 얼마나 좋아했는지를 추측하게 한다. 두 번째 한류는 17세기에서 19세기 초까지 약 200여 년간 일본에 갔던 조선통신사들에 의한 한국의 물결이었다. 조선통신사들은 한국의 수준 높은 문화를 전해 주었고, 일본인들은 조선통신사들의 서예 한 점이라도 얻어 보려고 목을 맸었다. 이러한 한류는 일본에만 있었던 것은 아니다. 원나라 때에도 한류가 있었다. 이름 하여 고려양(高麗樣). 원나라에 끌려간 고려의 공녀들이 황실과 일반 사회에 퍼뜨린 고려의 복식과 음식, 물건과 풍습 등이 유행한 것으로 '고려풍(高麗風)'이라고도 불렀다. 그 유풍이 오늘날까지 남아 지금도 몽골족 사회에서는 고려만두·고려병(高麗餠)·고려아청(鴉靑: 검은색을 띤 푸른색) 등의 용어가 사용되고 있다.[17]

우리가 일본 내의 한류를 보면서 일면 뿌듯하기도 하지만, 아울러 경각심을 가져야 한다고 생각하는 것은 필자만의 노파심일까? 1차 한류가 지나간 지 얼마 되지 않아 일본은 서기 720년에 『일본서기(日本書紀)』, 797년에는 『속일본기(續日本記)』를 편찬하면서 한민족의

---

17 김재명, 「고려양」, 『한국민족문화대백과사전』, 한국학중앙연구원

역사를 왜곡하고 자기들의 뿌리를 많이 지워 버렸다. 특히나 2차 한류의 주체라 할 조선통신사들로부터 받은 수준 높은 문화를 바탕으로 '소프트파워'를 축적한 일본은 18~19세기에 무기 등 서양의 신문물을 받아들인 후 그들의 본심을 다시 드러내 급기야는 1910년 조선을 강점하게 된다.

　근래 일본 내의 한류 열풍 속에서도 일부에서 끊임없이 주장하는 혐한론과 전 아베 총리의 평화헌법 폐기 주장 등이 지난 시절 한류 후의 역사처럼 한민족에 대한 공격의 단초가 되지 않을까 염려하게 된다. 우리나라가 일본 내 한류에 대하여 냉정함을 잃지 말아야 하는 이유가 바로 역사 속에 있기 때문이다.

4.
MZ 세대 vs 꼰대 세대,
반론과 제언

세대 간 갈등

며칠 전 아파트 관리 사무소에서 구내 방송이 나왔다. 어버이날을 맞아 경로 잔치를 하는데 해당자는 모두 참석해 달라는 것. 그런데 참석 대상자는 만 75세 이상이며 꼭 주민등록증을 지참해 달라는 것이었다. 작년까지만 해도 70세 이상이었던 것 같은데 언제 75세로 상향 조정되었나 의아했다.

현재 노인복지법상 노인의 연령 기준은 65세이다. 그러나 수명이 길어짐에 따라 국민들이 보는 노인의 연령 기준은 점점 올라가고 있고, 그러다 보니 때와 장소에 따라 노인 기준이 고무줄 잣대처럼 느껴지기도 한다. '2022년 서울시 노인 실태조사'에 따르면 만 65세 이상의 서울 거주 노인들이 생각하는 노인 연령 기준은 72.6세였다. 현재의 법적 기준보다 7.6세나 높다.

나이 기준이 이렇다면 호칭은 어떨까? 법적 용어는 '노인'이다. 그러나 경우에 따라서는 '고령자'나 '어르신' 등이 쓰이기도 한다. 비하하는 의미에서는 '꼰대', '라떼', 심지어 틀니를 딱딱거린다고 하여 '틀딱'으로까지 불린다. '꼰대'라는 말은 『표준국어대사전』에까지도 등재되어 있다. 늙은이를 뜻하거나 학생들의 경우 선생님을 지칭하는 은어로 풀이하고 있다.

그러면 젊은 세대들은 나이대가 어느 정도여야 하고 노인들처럼 이들에 대한 비하 호칭은 없을까? 요즈음은 'MZ 세대'라는 말이 유행처럼 쓰이고 있는데, 이는 우리나라에서만 쓰이는 어휘라고 한다. 외국에서는 MZ 세대를 통합하지 않고 분리해서 사용한다. 우리나라 언론에서는 주로 20~30대를 MZ 세대로 표현하고 있는 것 같기도 하나, 보편적으로는 1980년대 후반부터 2000년대 초반까지의 세대를 아우르는 용어라고 볼 수 있다. 그다음은 알파 세대이다. 알파 세대는 Z 세대의 다음 세대를 의미한다. 보통 스마트폰이 대중화된 이후에 태어난 2010년대 초반부터 2020년대 초반까지 태어난 세대를 말한다. 요즈음은 Z 세대와 알파 세대를 합쳐 '잘파 세대'로 부른다고 한다.

젊은 세대에 대하여는 여러 호칭이 있고 기준도 상이하다 보니 많은 사람들은 'MZ 세대'라는 용어 사용에 적지 않은 혼란을 겪기도 한다. 'MZ 세대' 외에 '베이비붐 세대' 그리고 그 이후 태어난 'X 세대', 베이비붐 세대의 자녀 세대인 'Y 세대', AI나 로봇 등에 익숙한 '알파 세대' 등 젊은 세대에 대한 구분은 수도 없이 많이 있다. 스포츠 분야에서는 뛰어난 선수들이 동시대에 여러 명 배출되어 탁월한 경기력과 큰 성과를 보일 때 '황금 세대'로 부르고, 반대의 경우는 '골짜기 세대'로 부른다고 한다.

그러면 젊은 세대에 대한 비하성 호칭은 무엇이 있을까? 노인 세대에 대한 것보다는 약하지만 '요즘 것들'이라는 말이 가장 먼저 떠오른다. 젊은데도 생각이나 행동이 젊은이 같지 않으면 '젊은 꼰대' 정도일 것이다. 반면에 노인들에 대한 혐오는 날이 갈수록 강해지고 있다. 경로(敬老)는 고사하고 혐노(嫌老)라는 말이 나올 정도로 비하성 호칭은 점점 과격해지고 있다. 그동안 써 오던 말에 벌레 충(蟲)자를 붙여 '노인충', '틀딱충', '할매미', '연금충' 등 도(度)를 넘어선 표현들이 온라인상에서 난무한다. 어느 경찰서 게시대에 '노인 학대 예방·근절 추진 기간'에 대한 플래카드가 붙어 있는 것을 보았다. 자료를 찾아보니 매년 6월 15일은 '노인 학대 예방의 날'인데, UN이 정한 '세계 노인 학대 인식의 날'에 기초를 두고 있다고 한다. 노인 학대가 세계적인 이슈로 보이기는 하지만 우리 동방예의지국에서 이런 우려를 하다니 씁쓸하기 짝이 없다.

그렇다면 그 이유는 무엇일까? 노인 세대의 고집, 불통, 젊은이에 대한 일변도의 훈계, 공공장소에서의 무례함 등이 있을 것이다. 춘풍추상(春風秋霜)은 또 없을까? 자기에게는 관대하고 남에게는 엄격한, 특히 젊은이에게는 더욱 칼 같은 잣대를 들이대는 일 말이다. 전문가들은 일자리 문제, 노인 복지 등에 따른 청년층의 부담 증가 등이 깔려 있다고 분석하기도 한다. 그런데 현재의 노인 세대는 젊은

그래, 난 꼰대다 그래서 도대체 뭐 어쩌라구?

세대들의 부모 세대이자 조부모 세대이며, 청춘이었을 때는 지금의 젊은 세대들처럼 생각도 유연했고 패기도 있었으며 도전 정신도 있었다. 방황도 했었고 그리고 실수는 또 어찌 없었겠는가. 그러나 힘든 세상을 살다 보니 '고난'과 '시련'을 넘은 소위 '고시패스생'이 되어 사고가 고착되고 행동도 변화가 된 것이 아닌가 싶다.

통즉불통 불통즉통(通卽不痛 不通卽痛)

이러한 상황에서 야기된 세대 갈등의 해결을 위해서는 무엇보다도 상호 이해와 소통이 중요하다 할 것이다. 노자의 말에 '지인자지 자지자명(知人者智 自知者明)'이란 구절이 있다. "다른 사람을 아는 자는 지혜로운 사람이고, 자신을 아는 자는 현명한 사람이다."라는 뜻이다. 양 세대 다 상대방과 스스로를 아는 것이 중요함을 나타낸 말인데, 이러면 두 세대 간의 이해가 넓어질 것이다.

세월 앞에서는 장사 없는 법. 알파 세대도 MZ 세대도 그리고 X 세대도 Y 세대도 모두 노인 세대가 될 것이다. "개구리 올챙이 적 생각 못 한다."라는 말이 있는데, 세대 갈등 해소에 있어 깊이 생각해 봐야 할 의미 있는 속담이 아닌가 싶다. 개구리는 올챙이 적 생각을 해야 하고, 올챙이는 모습이나 행태 등이 완전히 다른 개구리가 자기들의 부모, 조부모 세대이면서 자기들의 미래 모습이라는 것을 헤아려야 된다는 말이다. 노인 세대는 올챙이 적을 떠올리면서 젊은 세대를 끌어 주고 밀어주며, 젊은 세대는 노인 세대의 잘못은 반면교사로 삼아 실수나 실패를 막고 잘한 것은 계승 발전시켜야 할 것이다.

원효대사는『미륵상생경종요』라는 책에서 이 부분을 강조했다. "옷을 기울 때는 짧은 바늘이 필요하고 긴 창이 있어도 그것은 소용없다. 비를 피할 때는 작은 우산이 필요하고 온 하늘 덮는 것이 있어도 소용없다. 그러므로 작다고 가벼이 볼 것이 아니다. 그 근성을 따라서는 크고 작은 것이 다 보배다." '쓸모없는 것이 아니라 쓰임새를 모르는 것이다.'라는 의미인데, 청년 세대나 노인 세대 모두가 서로에게 쓸모가 있다는 것을 상징적으로 나타낸 말일 것이다.

세대 갈등 해소를 위해서는 우선 서로가 상대방의 이야기를 진심을 갖고 끝까지 들어야 한다. 젊은 세대는 노인 세대가 말만 꺼내면 속으로 '혹시 또 꼰대 짓?' 하면서 아예 듣지 않으려 하고, 노인 세대는 젊은 세대들의 이야기에 귀 기울이지 않는다. 상대방이 안 들으면 불통이고 내가 안 듣는 것은 내 자유인가? 소통은 일방통행이 아니다. 듣는 것이 얼마나 중요하면 이견 조율이나 검증하는 모임을 '공청회(公聽會)', '청문회(聽聞會)'라고 칭하듯이 들을 '청(聽)'과 들을 '문(聞)' 자가 들어가 있을까.『탈무드』에 나오는 것처럼 입은 하나인데 귀는 두 개인 이유가 '많이 듣고 적게 말하라'는 의미인 것도 같은 맥락이리라.

어찌 됐든 잘 들어야 역지사지(易地思之)할 수 있지 않겠는가? 세계기록유산이자 국보 제319호인『동의보감』에는 이런 말이 있다. "통즉불통 불통즉통(通卽不痛 不通卽痛)". 즉 몸의 기(氣)가 잘 소통되면 아프지 않고 기운이 잘 통하지 않으면 아프다는 뜻인데, 기가 우

그래, 난 꼰대다 그래서 도대체 뭐 어쩌라구?

리 몸에 얼마나 중요하면 '기운(氣運)이 넘치다', '기가 차다'거나 '기가 막히다', '기절(氣絶)하다', '기분(氣分)이 좋다' 등의 말이 생겨났을까. 어쨌든『동의보감』의 말은 신체상에서만 해당되는 것이 아니라 사람 간의 관계에서도 적용되는 것이라 할 수 있다. '기통(氣通)'은 '기(氣)'의 '소통(疏通)'이라는 의미기에 사람 사이의 소통은 마음으로 느끼는 기분, 즉 심기(心氣)가 서로 통하는 것이 아니겠는가.

아울러 세대별 호칭도 지금처럼 나이를 기준으로 할 것이 아니라 역할에 중점을 두어 바꾸면 어떨까? 젊은 세대는 '미래 세대'로, 노인 세대는 '경험 세대'로 그리고 그 중간 세대는 '중추 세대'로 말이다.

이제 세대 갈등 문제는 국가적으로 시급하게 해결해야 할 중요 과제가 되었다. 현재 대한민국이 타개할 핵심 과제는 다른 나라가 감히 넘볼 수 없는 확고한 국방력 확보, 인구 감소 문제 해결, 미래 먹거리 창출을 위한 연구 개발과 더불어 갈등 문제의 해소다. 우리나라가 남북으로 분단된 것만 해도 안타까운 일인데 이념 갈등, 지역 갈등, 남녀 갈등에 세대 갈등까지 겪어야 되겠는가?

5.
'COVID-19'와 '우-러 전쟁'의
빛과 그림자

고난의 시기

2020~2022년은 전 세계적으로 고통과 고난의 시간이었다. 2019년 말 중국 우한에서 처음 발생한 신종 폐렴 'COVID-19'로 인해 우리나라를 포함 각국에서 많은 사람들이 목숨을 잃었고, 경제·사회적으로도 크나큰 피해가 발생했다.

팬데믹(Pandemic) 초기에는 외출 규제와 다중 이용 시설 등의 사용이 제한되어 세계인들이 많은 불편을 겪었고, 미국 등 일부 국가에서는 화장지 등의 사재기 현상이 일어나기도 했었다. 툭하면 도시 전체를 봉쇄하던 중국이 시민들의 강한 반대 시위에 'Zero Corona' 정책을 포기하자 감염자 및 사망자가 폭증했고, 베이징 등 대도시에서는 화장 시설이 24시간 풀가동해도 시신들을 다 처리하지 못할 정도였다는 언론 보도도 있었다.

한편으로는 2022년 2월 24일 러시아의 침공으로 시작된 우크라이나 전쟁은 개전 후 2년이 가까워져 오는데도 끝나지 않고 피해만 늘어가고 있다. 양측 모두 수많은 인명 손실이 발생했고, 특히 우크라이나의 경우는 민간인 사망자도 많으며 주택이나 기간 시설 등의 피해도 막심하다.

러시아-우크라이나 전쟁은 단지 두 나라만의 문제가 아니기에 세계적으로 미친 영향은 무척이나 크다. 러시아는 NATO를 중심으로 한 서방 국가들이 제재를 가하자 유럽으로의 가스 공급 제한 등으로 반격했고, 이에 따라 세계 유가가 치솟았는데 우리나라의 경우는 경유 가격이 휘발유 가격보다 비싼 이상 현상까지 나타났었다. 특히 세계 3대 곡창 지대의 한 곳인 우크라이나의 곡물 수출이 러시아에 의해 제한을 받자 세계 곡물 가격은 급등했고, 아프리카 등 저개발국에서는 많은 사람들이 기아 상황에 몰리기도 했다.

세계 거의 대부분의 국가에서는 인플레이션 및 고금리 등으로 인해 사람들이 많은 어려움을 겪었고, 특히 수출로 먹고사는 우리나라의 경우는 중국 등의 경제 침체로 수출은 감소한 데 반해 에너지 가격 상승 등으로 인해 전체 수입액은 많이 늘어나 2022년에는 약 500억 달러의 적자가 나기도 했었다.

대한민국의 기회

세상사 모든 일에는 빛이 있으면 그림자가 있고, 양지가 있으면 음지도 있게 마련. 'COVID-19'와 러시아-우크라이나 전쟁으로 여러 가지 면에서 고통을 받는 나라가 있는가 하면 본의 아니게 이득을 보는 나라도 있다. 그중의 하나가 우리 대한민국이 아닌가 싶다.

우선 코로나 팬데믹은 우리나라가 '소프트파워 강국'이 되는 기회가 되었고, 그야말로 문화 선진국, 더 나아가 문화 선도국의 입지를 다지는 계기를 만들어 주었다. 전염병 감염 우려 때문에 가정에 머무르는 시간이 많아지자, 세계 각국의 많은 사람들은 자연스럽게 TV 시청이나 음악, 게임 등에 관심을 가지게 되었고, 특히 Netflix 등 OTT 기반이 확대되면서 K-Pop, K-Drama, K-Movie, K-Food 등이 세계적으로 폭넓게 확산되었다.

BTS, Black Pink 등으로 대표되는 K-Pop은 물론이고 「오징어게임」, 「이상한 변호사 우영우」, 「재벌집 막내아들」, 「이태원 클라쓰」, 「사랑의 불시착」 등 이루 헤아릴 수 없을 정도의 많은 영상 콘텐츠들이 세계인들의 마음을 사로잡았다. 영화 「기생충」은 2020년도 오스카상에서 비영어권 영화로서는 처음으로 작품상, 감독상 등 4개 부문을 휩쓸었으며 「오징어게임」은 2022년도 에미상에서 비영어권 최초로 연출상과 남우주연상을 수상하면서 한국 드라마 역사상 큰 획을 그었다.

한국인들에 대한 세계인들의 관심이 높고 특히 K-Culture에 대하여 얼마나 궁금해 했으면 BTS의 멤버 한 명이 군에 입대하는 장면을 CNN 등 세계 유수의 언론사들이 현장에서 생중계하고, Black Pink가 콘서트 공연차 대만 가오슝 공항에 도착할 때도 현지 언론에서 현장 상황을 생방송했을까.

팬데믹 초기 미국 등에서 발생한 화장지 사재기 현상 등에 힘입어 우리나라의 비데 수출이 폭발적으로 증가하고, 한국의 영화, 드라마에서 라면 먹는 장면 등이 시청자들의 호기심을 불러일으켜 라면 수출 역시 많이 늘어난 것은 문화 콘텐츠에 비하면 약과에 불과하다.

한국전쟁 후 전쟁의 폐허에서 짐바브웨보다 못 살다가 70여 년 만에 경제 선진화, 정치 민주화를 이루고 문화까지 선진국 반열에 선 대한민국, 백범 김구 선생의 명언을 되새기지 않을 수 없다.

"나는 우리나라가 세계에서 가장 아름다운 나라가 되기를 원하지 가장 강한 나라가 되기를 원하지는 않는다. 우리의 경제력은 우리의 생활을 풍족히 할 만하고, 우리의 국방력은 남의 침략을 막을 만하면 족하다. 오직 한없이 가지고 싶은 것은 높은 문화의 힘이다. 문화의 힘만이 우리 자신을 행복하게 만들고 타인에게도 행복을 전해 주기 때문이다."

한편 러시아-우크라이나 전쟁은 결과적으로 우리나라 전투 장비의 진가를 알려 주는 홍보의 장이 돼 주었다. 자국이 보유하고 있던 구소련제 무기들을 우크라이나에 지원했던 폴란드가 방위력 공백을 메우기 위해 선택한 것은 우리나라의 무기였다. K2 전차 980대, K9 자주포 648문, FA-50 경공격기 48대 등으로 탄약과 탄약 운반차까지 포함하면 40조 원에 이르는 역대 최대 규모의 무기 수출이었다.

다른 나라 같으면 몇 년 걸리는 것이 우리나라의 경우에는 계약 체결 4개월 만에 초도분 K2 전차와 K9 자주포가 폴란드 그디니아 항구에 도착하였다. 이에 폴란드 대통령과 부총리 겸 국방부 장관 등 다수의 고위 관계자가 항구까지 나와 환영식을 해 주었다. 이외에 튀르키예, 인도, UAE, 에스토니아 및 호주 등이 한국의 무기를 수입해서 이미 운용하고 있거나 도입을 확정했고, 영국, 캐나다 및 루마니아 등 여러 나라에서 도입 검토에 들어갔다. 심지어 미국까지도 관심을 나타내고 있다.

2022년 방산 수출 수주액은 총 170억 달러에 달했다. 2021년에는 72.5억 달러로 세계 8위였으나 조만간 중국을 제치고 세계 4위에 올라설 전망이다. 그렇게 되면 우리 앞에는 미국, 러시아 및 프랑스만 있을 뿐이다. 6.25 전쟁 때 변변한 탱크 한 대 없어 한(恨)을 토했던 당시의 참전 용사들, 그리고 우리 국민 모두가 가슴 뿌듯한 일이 아니겠는가.

다른 한편으로는 러시아가 파이프라인을 통해 유럽으로 수출하는 가스 공급을 제한하자 발등에 불이 떨어진 유럽 국가들은 중동 등 타 지역에서 LNG를 공급받을 수밖에 없었다. 이에 따라 LNG 운반선 시장이 확대되었는데, 이러한 상황에서 2021년의 경우에는 전 세계적으로 발주한 LNG 운반선 75척 중 65척을 대한민국이 수주했다. 90% 가까이를 우리나라가 건조하게 된 것이다.

한국 문화의 세계적 확산과 방산 수출의 폭발적 증가는 그동안 해당 분야에서 피와 땀을 흘린 예술가와 방산 관계자들의 노고, 그리고 국민들의 마음을 모은 지원 덕이 아닐 수 없다. 세계 각국이 어려움을 겪을 때 유독 대한민국만이 국격과 국력을 크게 신장시키고 있다

그래, 난 꼰대다 그래서 도대체 뭐 어쩌라구?

해도 과언이 아니다.

"널리 인간을 이롭게 하라."라는 홍익인간(弘益人間), 단군 신화에 나오는 고조선의 건국 이념이자 대한민국의 교육기본법이 정한 교육의 기본 철학이 현재 이루어지고 있는 것이다. "하느님이 보우하사 우리나라 만세! 대한민국 만세!!"를 외쳐 보고 싶은 심정을 금할 수 없다.

6.

"심심한 사과를 드린다."라고
했다가…

2022년 여름 어느 날 한 업체가 업무 처리 과정에서 고객들에게 불편을 끼친 데 대하여 "…심심한 사과를 드린다."라는 내용의 사과문을 게시했다. 그러자 일부 누리꾼들이 '심심(甚深)'을 재미없고 지루하다는 의미의 '심심하다'로 이해해 SNS에 비판의 글을 올렸고, 이는 문해력(文解力) 논란을 불러일으켰다.

금일(今日)을 금요일로 알거나 '고지식하다'를 높을 '고(高)'지식으로 이해하는 경우도 있다고 한다. 비슷한 예로는 무운'(武運)'을 무운'(無運)'으로, 사흘을 4일로. '유선상(有線上) 보고하시오'라고 말할 때 '유선상'을 사람 이름으로 아는 것 등이다. 이렇게 실제 글자의 뜻을 잘 알지 못하고 쓰는 사례가 아주 많다. 비행기로 운반한다는 의미의 '공수(空輸)'를 원산지에서 직접 가져온다는 뜻으로 이해하고, '인구(人口)에 회자(膾炙)된다'는 말을 할 때 곧잘 '인구'를 빼고 '회자'된다고만 쓰기도 한다. '회자'는 회(膾)와 익힌 고기(炙)를 뜻하므로

그래, 난 꼰대다 그래서 도대체 뭐 어쩌라구?

'인구'를 빼면 아무 의미가 없는 말이 된다. 본래의 뜻은 날고기나 날생선 또는 익힌 고기가 사람 입에 드나들 듯이 많은 사람들의 입에 오르내리는 것을 나타내는 말이기 때문이다.

기차나 비행기 등의 연발과 연착을 혼동해서 쓰기도 한다. 특히 날씨 예보 방송에서는 이런 사례들이 있다. "오늘 더위가 기승을 부리겠다."라는 기상캐스터의 표현 중 '기승(氣勝)'은 '기운이나 힘 따위가 성해서 좀처럼 누그러들지 않는 것 또는 그 기운이나 힘'으로『표준국어대사전』은 풀이하고 있다. 그러니까 기승은 어느 정도의 시간 동안 그 상태가 지속되는 것을 의미하는데, 하루 덥다고 '기승'을 부린다고 말하는 것은 적합하지 않은 표현이다.

이 밖에 자주 오용되는 글자로는 예(豫)가 있다. '예'는 '미리'의 뜻으로 미래의 일을 의미한다. 그런데 과거의 일로서 정확한 상황은 알려지지 않은 것을 '예상'으로 표현한 글을 본 적도 있는데, 이 경우는 '추정(推定)'이 정확한 표현이지 싶다. 임신부(姙娠婦)와 임산부(姙産婦)를 혼동하기도 하는데 엄연히 다른 말이다. 더 깊이 생각해 보아야 할 것은 '무명 용사' 묘역이나 '무명 가수' 등에 쓰이는 '무명(無名)'이란 단어다. 어떻게 이름 없이 군에 입대할 수 있었겠는가? 실제로 이름은 있지만 신원이 확인되지 않는 전몰 장병을 뜻하는 것인데, 정확한 표현은 '신원 미확인 전몰 장병'이다. 영어의 'Unknown Soldier'처럼 말이다. '무명 가수'라는 말도 마찬가지이다. 때에 따라 예명을 쓸 수는 있을지라도 이름 없는 가수가 어디 있겠는가? 영어로는 'obscure singer'로 부른다고 한다.

상황이 이렇다 보니 최근 지하철 내 광고 모니터에 틀리기 쉬운 단어에 대한 해설 방송이 나오고 있다. 예로 든 단어는 금일(今日), 심심(甚深)과 함께 '십분(十分) 이해한다'라고 할 때의 10분은 시간 10분이 아니라 '충분히'라는 뜻이라는 것 등이다.

문해력 논란이나 단어에 대한 부정확한 표현은 아마도 한자에 대한 이해 부족과 독서량 감소 등에 따른 것이 아닐까 싶다. 우리나라의 한글은 가장 과학적이고 배우기 쉬우며 특히 정보화 사회에서 그 진가를 발휘하는 뛰어난 글자이다. 우리가 소프트웨어적 국보로 여길 만큼 우수한 한글을 가졌음에도 한자를 익혀야 하는 이유는, 중국이 좋든 싫든 우리나라 말의 많은 부분이 한자에 기초를 두고 있어, 정확하고 풍요로운 어휘 활용을 위해서는 한자에 대한 이해가 매우 중요하기 때문이다. 한편으로는 다양한 분야의 독서를 꾸준히 함으로써 어휘력을 기르고, 이와 함께 안목을 넓히며 혜안을 갖도록 노력하여야 한다. 어휘력 향상에는 독서가 가장 효과적이라고 하는데, 대화보다도 책에 폭넓게 많은 어휘가 포함되어 있어 특히나 어휘력의 중요 부분인 희귀 단어에 대한 이해력이 결정적으로 높아진다고 한다. 어휘력이 높으면 말을 들을 때 정확하게 핵심을 파악할 수 있고, 문맥도 착오 없이 이해할 수 있게 된다.

더구나 요즈음은 줄인 말이나 신조어가 범람하고 있는데 이 또한 깊이 생각해 봐야 할 대목이다. '심쿵'이니 '멘붕'이니 '얼죽아', '강추', '유유', '꾸안꾸', '겉바속촉', '움짤', '깜놀' 같은 말은 이미 고대어처럼 되었다. '존잘남'이니 '개헬'이니 '현타'니 하는 정확한 뜻도 잘 이해가 안 되는 말들이 난무한다. '복잡한 세상 편하게 살자'는 '복세편살', '내 돈으로 내가 산다'는 '내돈내산' 등 이루 예를 다 들 수도 없다. 아름다운 우리말을 가다듬고 한자 표기의 단어들도 가능하면 우리말로 바꿔 나가야 할 것이다.

7.
2020년 트로트 열풍,
그리고 그것이 깨닫게 해 준 것들

2020년과 2021년 두 해는 우리나라 대한민국과 세계 여러 나라에게 어떤 시간이었을까? 평범한 세월이었다면 2020년은 우리나라의 경우 제21대 국회의원을 선출하는 총선과 함께 한국전쟁 발발(勃發) 70주년이 되는 해이고, 국제적으로는 제32회 하계 올림픽이 도쿄에서 열려 전 세계인의 이목을 집중시켰을 한 해였다. 그러나 2019년 말 중국 우한에서 처음 발병한 신종 바이러스가 전 세계를 덮치는 팬데믹(Pandemic) 바람에 상황은 여러 가지로 엉클어졌다.

세계보건기구(WHO)에 의해 'COVID(Corona Virus Disease)-19'로 명명되고 우리나라에서는 '코로나19'로 통칭된 이 신종 전염병은 14세기 유럽에서 발생하여 7,500만~2억 명의 목숨을 앗아간 흑사병에 이어 인류가 역사상 두 번째로 겪는 '대역병(大疫病)'이다. 세계 각국에서 수많은 사람들이 죽어 나가고 경제는 휘청거렸다. 각국은 입국 관문을 걸어 잠그고, 증시는 폭락했다. 도쿄 올림픽은 단순 연기를 넘어 취소설까지 대두되었었다.

우리나라에서는 자영업자를 비롯한 소상공인들이 큰 타격을 받았고, 국민들의 일상생활은 '사회적 거리 두기' 등과 같은 여러 가지 제약이 뒤따르면서 크게 위축되었다. 이에 따라 많은 국민들은 불안과 함께 답답함을 느끼고, 심지어 우울증을 겪는 사람들도 생겨났다. 오죽했으면 'Corona Blue'라는 말까지 생겨났을까.

이러한 와중에 상황을 반전시킨 것이 있었으니 '트로트'였다. 2019년 2월 종편 'TV조선'의 「내일은 미스트롯」이라는 경연 프로그램으로 불붙기 시작한 트로트 열풍은 그 후에 이어진 「내일은 미스터트롯」과 「내일은 미스트롯2」에서 절정을 이루었다. 그에 따라 시청률 또한 일반 프로그램과는 비교가 안 될 정도로 높게 나타났다.

그러면 이러한 현상은 왜 일어났을까? 트로트는 어떻게 보면 우리 한국인의 한(恨)과 정서에 가장 잘 맞는 음악 장르라 해도 과언이 아니다. 젊을 때는 서양의 팝이나 발라드, 힙합과 랩 등에 빠지다가도 나이가 들면 자연스럽게 트로트에 심취하고, 어쩌다 술 한잔 걸치면 노래방에서 먼저 트로트를 선곡하는 것이 그 증거이리라.

이러한 트로트 열풍이 '코로나 블루'에 빠져 있던 한국인들에게 어려운 상황을 버텨 내고 일상으로의 복귀를 꿈꾸게 하는 원동력이 되었다고 할 수 있다. IMF 사태 때 박세리 선수가 호수 언저리에 떨어진 골프공을 치기 위해 양말을 벗고 호수 물에 들어가 위기를 탈출하던 장면이, 당시 슬픔에 빠져 있던 한국인들에게 크나큰 정신적 힘을 주었듯이 말이다.

2020년과 2021년 두 해에는 우리나라 문화예술계에서 세계적으로 이목을 집중시킨 이벤트가 여럿 있었다. 2020년에는 무엇보다도 봉준호 감독이 연출한 영화 「기생충」이 우리나라 최초로 아카데미상을 받았다. 작품상, 감독상, 외국어 영화상과 각본상 수상의 4관왕이 된 것이다. 2021년에는 배우 윤여정이 「미나리」란 영화에서의 뛰어난 연기로 아시아에서는 두 번째로 아카데미 여우조연상을 거머쥐었다. 어디 그뿐인가, BTS는 전 세계적인 팬덤을 구축하고 오랫동안 빌보드 차트 1~2등을 차지하면서 대한민국의 위상을 드높였다. 게다가 Netflix를 통해 전 세계에 알려진 「오징어게임」은 '한류 대한민국'을 재확인시키는 계기가 되었다.

이러한 문화예술계의 경사 속에서 가장 국민들의 마음을 움직인 것은 뭐니 뭐니 해도 트로트이지 않았나 싶다. 트로트 열풍을 맞으면서 우리는 그동안 몰랐던 여러 가지를 새삼 깨닫게 되었다. 우리나라에 좋은 노래가 그렇게 많이 있었는지, 또한 그렇게 노래 잘하는 가수들이 그 오랫동안 빛을 발하지 못하고 있었는지 그리고 사회 여러 면에서 불공정이 문제시되던 상황에서 특례·특혜가 배제되고 오로지 실력만으로 무한 경쟁해야 하는 경연(競演)의 의미 등등 말이다. 특히나 모든 가수들이 짧지 않은 여러 노래의 가사들을 다 외운다는 것이 놀랍고, 얼마나 연습했으면 그 정도 될까 감탄을 금치 못하였다.

「내일은 미스터트롯」에서 진(眞)을 차지한 임영웅(林英雄)은 트로트라는 기존의 음악 장르가 가졌던 노장년층만의 호감을 뛰어넘어 젊은이들에게도 트로트의 매력을 한껏 불러일으킨 가수였다. 팬덤 또한 강고하고 열렬했다.

서울시에서는 임영웅의 팬클럽인 '영웅시대 with hero'의 기부로 조성된 재원으로 서울숲에 500 제곱미터 넓이의 '임영웅 정원'을 만들었다. 정원 이름은 '임영웅 별빛정원'. 가수 설운도가 작사·작곡한 노래를 임영웅이 불러 큰 사랑을 받은 '별빛 같은 나의 사랑아'에서 정원 이름을 따온 것이다. 이제까지는 2012년 그룹 '신화'를 시작으로 대부분 아이돌 스타들의 정원이 20여 개 만들어졌는데, 트로트 가수로는 임영웅이 처음이라고 한다.

1990년대 '문화 대통령'으로까지 일컬어졌던 '서태지와 아이들'이 우리 음악의 물굽이를 크게 바꾸어 놓았다면, 임영웅은 두 번째로 노래의 흐름을 변화시킨 것이 아닌가 하는 생각을 하게 된다. KBS에서는 2021년 말 송년 프로그램으로 임영웅 콘서트를 기획, 방영했다. KBS가 제작 방송한 가수의 단독 쇼는 나훈아, 심수봉에 이어 임영웅이 세 번째라고 한다.

이번의 트로트 열풍 속에서 우리 한국인들은 감성이 다른 '노래하는 신선', 즉 '가선(歌仙)'을 만나게 되었는지도 모른다. 'COVID-19'로 힘든 상황에서도 이를 견딜 수 있었던 행복한 시간이었다.

8.

'K-Pop' 안무가들에게
찬사(讚辭)를!

2022년 10월 13~14일, 전 세계 K-Pop 커버 댄스 우승자들이 광화문 광장과 한강 공원에 이어 청와대에서 그들의 기량을 한껏 자랑했다. 'K-Pop 커버 댄스 페스티벌'은 2011년에 세계 최초이자 최대 규모로 시작된 국제 K-Pop 댄스 페스티벌인데, 2020년과 2021년 두 해는 COVID-19로 인해 On-line으로 진행되었고, 2022년에는 Off-line으로 서울에서 개최된 것이다. 청와대 등에서 춤을 춘 그들은 12개국에서 대표로 선발된 팀들이다.

그러면 외국인들 특히 젊은이들이 왜 K-Pop 댄스에 매료됐을까? 전문가가 아닌 일반인의 관점에서 보면 그들이 처음에는 가사를 알아들을 수 없으니까 우선은 멜로디에 먼저 호감을 갖게 되고, 이와 함께 K-Pop 그룹들의 역동적이고 찬란한 '칼 군무'에 빠져들지 않았을까 싶다. 특히나 K-Pop 댄스는 한국어를 이해 못 해도, 그리고 춤을 잘 추건 못 추건 상관없이 의욕만 있으면 누구나 시도할 수 있고,

또한 그들 사이에는 젊은이로서 같은 취미를 가진 또래들 간의 동류의식도 한몫했을 것이다. 더구나 전 세계적으로 개인주의가 팽배해 가는 추세에서 단순한 '집단'이 아닌 '함께'하면서 서로 위로를 받는 정황도 심적으로 반영되지 않았나 싶다.

『삼국지』와 같은 중국의 사서(史書)들은 동이족이라 불린 한민족이 노래와 춤을 무척 즐긴 것으로 기록했다. 부여에서는 영고(迎鼓), 고구려에서는 동맹(東盟), 동예(東濊)에서는 무천(舞天), 삼한(三韓)에서는 시월제(十月祭)라 하여 정월이나 10월 등에 행하는 제천(祭天)행사 시에는 노래와 춤이 매우 중요한 부분이었다고 한다. 같이 모여서 음식을 먹고 술을 마시며 여럿이 함께 노래 부르고 춤을 추었다고 한다. 그러니까 요즈음의 표현을 빌린다면 떼창에 군무(群舞)를 즐긴 것이다. 여러 사람이 함께 노래 부르고 같이 춤추는 K-Pop 가수들의 편린이 이미 이때부터 보이는 듯하다. K-Pop 가수들의 빼어난 노래 실력과 출중한 그룹 댄스 기량은 물론 그들의 재능과 피나는 노력에 기인한 것이지만, 한편으로는 옛 선조들의 DNA를 물려받아서 그런 것인지도 모른다.

2012년 7월에는 가수 싸이의 「강남스타일」이 전 세계에 큰 파동을 일으켰다. 노래는 물론이고 뮤직비디오에 비친 그의 '말춤'은 전 세계인을 단박에 매료시켰다. 싸이 이전부터 많은 한국 가수들이 K-Pop에 대한 외국인들의 관심을 끌어올리고 있던 상황에서 싸이의 「강남스타일」은 노래와 춤으로 K-Pop에 대한 전 세계인들의 이목을 집중시켰고 전 세계적 유행이 되었다. 그의 「강남스타일」 뮤직비디오는 유튜브 조회수에서 1위 자리를 차지하면서 2023년 현재는 46억 뷰를 넘어 50억 뷰를 향해 가고 있다.

싸이가 본격적으로 불을 붙인 세계인의 K-Pop에 대한 열기를 이어 받아, BTS와 Black Pink 등 여러 후배 가수들이 꽃을 피우고 있는 것이다. 그렇다면 우리 K-Pop 가수들이 춤 없이 노래만 불렀다면 이 정도의 K-Pop 인기를 구가할 수 있었을까? 곡을 듣고 춤을 따라 하다가 가사 내용이 궁금하여 찾아보고 그것이 한국어 배우기로 이어지고, 한국의 문화와 한국 상품에 대한 관심과 호의로 나타나는 선순환이 이루어지고 있는 것으로 평가할 수 있다.

미국의 샌디에이고 주립대학교에서는 K-Pop 댄스를 무용과의 정식 과목으로 채택하였다고 한다. 이러한 K-Pop 성공의 촉매제 역할을 톡톡히 한 'K-Pop 댄스'의 모든 안무가 그리고 안무 트레이너들이 찬사를 들어야 마땅한 일이다. 그들 역시 '애국자요 영웅'으로 표현한다 해도 무리가 아닐 것이다.

그래, 난 꼰대다 그래서 도대체 뭐 어쩌라구?

9.

'대한민국(大恨民國)'은 인제 그만,
'대안민국(大安民國)'으로

지금 21세기를 살아가는 대한민국 국민으로서 너무 '먹먹하고 안타깝고 또한 너무너무 부끄럽다'. 2022년 10월 29일, 토요일 밤 10시 넘어 대한민국 수도 서울의 한복판에서, 일어나지 말았어야 할 어처구니없는 대형 압사 사고가 발생한 것이다.

'코로나19'로 3년 가까이 억눌려 있던 수 많은 젊은이들이 마스크를 벗고 자유롭게 핼러윈 축제를 즐기고자 이태원에 모였다가, 안타까운 참사가 발생하여 159명이 사망하고 196명이 중경상을 입었다. 사망자 대부분이 20~30대였고 10대 학생들도 있었으며, 사망자 중 외국인도 14개국의 26명에 달했다.

어찌 이런 엄청난 일이 지금 대한민국 서울에서 일어날 수 있을까? 홍수, 태풍, 가뭄, 지진 등 천재지변이라 하더라도 자연현상 그 자체를 막을 수는 없지만 대비를 잘해서 피해 규모를 최소화시키는데, 하물며 천재지변이 아님에도 이렇게 큰 비극이 어떻게 일어났단 말인

가. 명색이 세계 10위권의 경제 대국 선진국으로서 문화 강국임을 자랑하던 대한민국이 이 정도에 불과했는지 의문을 가질 수밖에 없다.

우리나라가 경제적으로 급속히 발전했고 문화적으로 세계적 인정을 받는다 하더라도, 안전사고에 대비한 각종 체계와 인식 등 사회 여러 측면에서 아직은 미흡한 부분이 곳곳에 잠재해 있는 것이다. 이 때문에 대한민국과 우리 국민이 성수대교와 삼풍백화점 붕괴 그리고 세월호 참사 등으로 얼마나 가슴 아파했고, 또한 얼마나 큰 마음의 상처를 입었는가. 그때마다 우리 국민들의 '안전 불감증'에 대하여 반성하고 고민하고 대책을 세웠지만, 그것들이 모두 단순한 임기응변식 대증요법(對症療法)에 그쳤단 말인가. 안타깝기 그지없다.

우리는 위기에 강한 민족이라고 말들을 한다. 위기에 강한 것, 즉 '사후 처리 능력'보다 더 중요한 것은 위기가 일어나지 않도록 하는 것, 즉 '사전 대비 역량'이 강해야만 한다. 외양간은 소 잃기 전에 단단히 해 놓아야 하지만, 어쩌다 소를 잃었다면 재발하지 않도록 더욱 완벽하게, 철저하게 고쳐야 한다.

이를 위하여 대한민국 국민 모두가 안전에 대한 인식을 더욱 공고히 해야 하고, 이번이 마지막 기회라고 생각하고 전반적으로 세밀히 들여다보아야 한다. 진단이 정확해야 완치가 가능하다. 또한 "설마 일어나겠어?"라는 근거 없는 자신감도 가져서는 안 된다. "설마가 사람 잡는다."라는 말, 우리 한국인이 잘 쓰는 속담이다. 그런데도 이 말을 '왜 제대로 인식하지 않고 또한 대비하지 않는가' 하는 아쉬움이 너무나 크다. 독일에서는 "Sicher ist sicher!"라는 말을 자주 한다. 즉

그래, 난 꼰대다 그래서 도대체 뭐 어쩌라구?

"확실한 것이 확실하다.", "안전한 것이 안전하다."라는 뜻으로 '안전'을 위해서는 모든 일에 치밀하고 꼼꼼하게 여러 가능성에 대비해야 함을 강조하는 말이다. 이젠 안타까운 일들로 국민들의 가슴에 '한(恨)'이 쌓이는 것은 그만 일어났으면 하는 바람이다. '대한민국(大恨民國)'을 끝내고 크게 안전한 대한민국, 즉 '대안민국(大安民國)'이 되게 하는 것은 우리 모두의 책임이다.

IV

하늘을 친구처럼,
국민을 하늘처럼

1.

생애 가장 맛있었던 '소맥'

2008년 3월 6일 오후 4시 필자는 조기 퇴근을 했다. 아니 30여 년의 공직 생활을 마감하고 공무원으로서의 마지막 퇴근을 한 것이다. 정부가 바뀌면서 기상청장의 소임을 후임자에게 인계하고 직원들과 작별을 고했다. 2년여의 기상청 생활이 머릿속에서 주마등처럼 지나가면서 만감이 교차했다. 집으로 오는 차 안에서 느꼈던 감정은 "아! 이젠 자유다."였다. 어깨를 짓눌렀던 책임감과 부담감으로부터의 해방이었던 것이다.

집에 돌아와 간편한 옷으로 갈아입고 저녁 식사를 위해 아내와 함께 근처 식당에 갔다. 솔직하게 말하면 소주 한잔하고 싶어서였다. 그날의 소맥은 그야말로 필자 생애에서 가장 맛있었던 술이었다. 이제는 날씨 예보 내용보다 '예보가 맞았냐 틀렸냐?' 하는 일일 평가의 족쇄로부터 풀려나 편한 마음으로 마셨기 때문인지 모른다.

식사 중 지인으로부터 전화가 왔다. "이 청장, 오늘부터는 9시 뉴스

편안하게 보겠네!" 그날 이후 모든 것이 편안하고 느긋해야 할 텐데, 마음 한구석에는 안타까움이라 할까 안쓰러움이 남아 있는 것은 피할 수 없었다. 기상청에 있으면서 직원들의 크나큰 어려움을 피부로 생생하게 느꼈기 때문이었다.

어느 직종이나 직장을 막론하고 스트레스 안 받고 애로가 없는 곳이 어디 있으랴마는, 기상청은 근무 여건이 크게 달라 상황이 더 어려웠다. 제주도에서 백령도까지, 울릉도에서 흑산도까지, 기상 관측선에서 기상 항공기까지, 전국의 산간·오지·벽지·도서 지역은 물론이고 높은 산 정상에 설치된 기상 레이더 기지까지 기상청 직원이 안 나가 있는 곳이 없었다. 출장을 가 보면 아무리 작은 도시라도 우체국, 농협과 함께 기상 관서는 대부분 있을 정도였다.

이러다 보니 직원들이 2~3년마다 전국에 걸쳐 근무지를 옮겨 다니고 많은 부서에서 24시간 교대 근무를 하며, 하는 일에 대해 국민들로부터 매일매일 평가를 받는 것과 마찬가지이니, 예보관들에게는 예보 정확성에 대한 압박감이 이루 말할 수 없을 정도로 크고 애로 또한 어찌 없으랴. 이런 스트레스 때문에 예보관들의 경우 특히 임플란트 시술한 사례가 많고, 필자가 전해 들은 이야기라 출처와 구체적 내용을 확인할 수는 없었지만, 퇴직 공무원들의 퇴직 후 생존 기간을 조사해 봤더니 소방관들이 가장 짧고 그다음이 예보관 출신이었다는 것이다.

2022년 초 JTBC에서 16부작으로 제작하여 인기리에 방송된 「기상청 사람들」이라는 주말 드라마가 있었다. 여기서 총괄2과 선임 예보관 역할을 한 엄동한 예보관의 모습이 실상을 대변한다고 할 수 있다. 극 중에서 엄 예보관은 9급 공채로 기상청에 들어와 처음에는 백령도 기상대로 발령받는다. 그 후 그는 14년 동안 전국의 각 지방 기상 관서를 옮겨 다니느라 가족과의 관계가 소원해지면서 깊은 고민에 빠진다. 현실에서는 그러한 일이 어찌 없을까? 말을 안 하거나 못할 뿐이지 않았을까.

예보가 조금이라도 빗나가면 인터넷상에는 "기상청은 오보청, 구라청"이라는 비난의 글이 쏟아지고, 매일 밤 1~2시만 되면 하루 평균 20~30명의 취기 오른 분들이 단골로 전화를 걸어 밤샘 근무하는 예보관들에게 온갖 비속어를 쏟아 내고, 어느 시민은 아침에 폭우가 쏟아지자, 눈코 뜰 새 없이 바쁜 예보국장에게 전화를 걸어, 차를 몰고 출근해야 하는지 아니면 지하철로 가야 하는지 물어보는 사례까지 있었으니, 예보관들의 마음고생이 얼마나 컸으랴. 예보관들은 아무리 날씨가 좋아도 예측 불가능한 지진 때문에 한밤중이라도 일분일초 긴장을 늦출 수가 없다. 이러한 일들이 계기가 돼 2008년 '131 기상콜센터'가 출범하게 되었고, 현재는 날씨를 묻는 상담 전화 통화량이 연간 평균 100만 건 이상을 기록하고 있다.

국가 시스템에서 한시도 장애가 있어서는 안 되는 것들이 많이 있다. 전기, 수도, 교통, 통신 등이 대표적이다. 그러나 천재지변 시에는 국지적으로라도 정전, 단수, 교통 마비, 통신 두절 등을 피할 수 없다. 반면에 기상 예보는 오히려 재해 발생 시 더욱더 단절이 없어야 하고 오류도 최소화되어야 한다. 상황이나 여건이 어찌 됐든 기상청

그래, 난 꼰대다 그래서 도대체 뭐 어쩌라구?

의 임무는 A부터 Z까지 '국민의 생명과 재산을 자연재해로부터 지키는 일'이다. '정확하고 신속하며 가치 있는 기상 정보의 생산'이야말로 기상청 직원들의 숙명이요 가장 중요한 과제이다.

필자가 2006년 기상청에 부임 후 'World Best 365'라는 비전을 수립했었다. 5년 후인 2011년까지 기상 업무 '3대 발전 목표'를 완수하기 위해 '기상 기술 세계 6위'를 목표로 '5개의 추진 전략'을 시행하는 것이었는데, 1년 365일 세계 최고 수준의 기상 서비스를 제공한다는 뜻도 담겨 있었다. 이 비전의 성공적 추진을 위해서는 무엇보다도 기상청 구성원들의 마음이 집결되어야 했기에 전 직원을 대상으로 공모를 통해 캐치프레이즈(Catchphrase)를 정했다. "하늘을 친구처럼 국민을 하늘처럼", 이 구호는 지금도 유효한 '기상청 모든 직원들의 마음가짐'이다.

2.
평수로 계산할 수 없는
기상청의 업무 관할 영역

매년 추석이나 설 등 명절 때가 되면 거의 모든 고속도로는 곳에 따라 수시로 교통 체증이 생겨 귀성객들의 원망 대상이 되기도 한다. 우리나라는 그래도 중국에 비하면 사정이 나은 편이 아닌가 싶다. TV 등 언론에 비친 중국의 춘절(春節) 모습을 보면 그야말로 '귀성 전쟁'이라 해도 과언이 아닐 정도로 장시간의 기다림과, 콩나물시루 같은 기차나 버스를 타고 몇십 시간씩 걸리는 귀성길에 고생하는 모습을 보면, 때로는 국토가 넓은 것이 항상 좋은 것만은 아니라는 생각도 하게 된다.

그런데도 모든 국가는 기회만 있으면 전쟁을 불사하고서라도 영토를 늘리려 기를 쓰고 있다. 센카쿠 열도(중국 명: 댜오위다오)를 둘러싼 일본과 중국의 갈등, 아무런 근거 없이 대한민국의 영토인 독도를 넘보는 일본, 포클랜드 섬을 놓고 전쟁까지 벌였던 영국과 아르헨티나 등이 좋은 예이다. 이러한 영역 다툼은 비단 나라와 나라 사이에

그래, 난 꼰대다 그래서 도대체 뭐 어쩌라구?

서만 있는 것이 아니라 행정 부처 등 기관 간, 폭력조직 간, 그리고 동물의 세계에서도 존재한다.

행정기관 간의 영역 다툼은 항상 영역 확대만을 위한 것이 아니라 귀찮거나 잘해야 본전인 업무는 다른 기관에 떠넘기고, 생색나고 기관에 힘이 실리는 업무 영역은 서로 차지하려고 갖은 노력을 다하는 것이 또한 현실이다.

문화재청장을 지낸 유홍준 교수, 그는 필자가 기상청장으로 근무했을 때 2년여 간 재임 기간이 겹쳤었다. 그 기간에 두어 차례 청장 모임에서 만날 기회가 있었는데, 처음 만났을 때 부채에 덕담을 직접 써서 주던 모습이 지금도 좋은 기억으로 남아 있다. 그는 '청' 단위 기관의 업무 관할 영역에 대한 재미있는 일화를 소개한 적이 있다. 정부 내 외청장들이 모인 자리에서 각 기관의 관할 업무 대상 영역이 얼마나 넓은지에 대하여 이야기를 나눈 적이 있었는데, 이때 있었던 이야기는 유홍준 교수가 『나의 문화유산 답사기』에 이렇게 썼다.

"정부 조직에 따라 부·처·청이 있는데 부는 대개 정책에 관계되지만, 청은 현장을 갖고 있다. 따라서 관할 업무가 곧바로 일선 현장에 나타나고 사고도 자주 일어난다. 그래서 청장들은 하루도 편할 날이 없다. 한번은 정부 내 청장 10여 명이 모처럼 다 모여 이야기를 나누던 중 서로 자기 일이 골치 아프고 업무 범위가 넓다고 하소연한 적이 있다. 먼저 산림청장이 자신이 관리하는 면적은 남한 땅 300억 평 중 3분의 2인 200억 평이나 된다고 했다. 이에 경찰청장은 에누리 없이 300억 평의 인구를 대상으로 한다고 맞받았다. 그러자 해양경찰

청장은 바다는 육지의 네 배이므로 1,200억 평이라고 하여 자신이 관리하는 영역이 가장 넓다면서 문화재청장은 얼마나 되느냐고 아주 가볍게 물어 왔다. 이에 나는 이렇게 대답했다. '직접 관리하는 것은 고궁과 왕릉이지만 300억 평에 산재한 문화재와 땅속의 매장 문화재, 그리고 1,200억 평 바다에 빠져 있는 해양 수중 문화재, 게다가 몽골에 있는 검독수리와 태국에 있는 노랑부리저어새까지 하면 헤아릴 수가 없습니다.' 청장들은 한바탕 웃고 모두가 문화재청의 업무 범위가 가장 넓다는 것으로 인정할 찰나였다. 그러나 '인생도처유상수(人生到處有上手)'. 기상청장이 빙그레 웃으며 이렇게 말했다. '나는 업무 면적이 평수로 계산이 되지 않습니다.'"[18] 아마도 기상청장의 이 말에 다른 청장들은 속으로 "그래, 내가 졌다."라고 생각하지 않았을까?

요즈음은 기상청에서 주로 위성과 지상관측장비를 이용하여 태양 활동과 지구자기장의 변화 등 우주 기상 예보까지 하고 있으니, 태양계 전체가 관할 업무 대상 영역이라고 해야 할 것 같다. 새해 첫날이 되면 아침에 정동진 등 동해안 관광지에서 떠오르는 해를 볼 수 있는지가 관심의 대상이듯이, 추석이 되면 실제로 보름달을 보는 사람이 그리 많지 않은데도 불구하고 저녁에 보름달을 볼 수 있는지 없는지가 주요한 기상 예보 항목이 되었다. 해와 달까지 업무 영역에 속하는 가장 비근한 예이다.

---

18 유홍준, 『나의 문화유산 답사기 7 제주편 돌하루방 어디 감수광』, p312-313, 창비, 2012.9.13

3.

고장 난 시계와 일기 예보

시계의 생명은 뭐니 뭐니 해도 정확성. 따라서 고장 난 시계는 물론 작동하지 않으므로 정확도를 따지는 것 자체가 무의미하다. 그렇더라도 굳이 따진다면 하루에 두 번은 정확히 맞는다. 시간 기준으로 보면 24시간 중 2번 맞으니 그 정확도는 8.3%, 초(秒) 단위로 보면 하루 86,400초 중 2회니까 0.23%이다. 영어에도 같은 표현이 있다. "Even a broken clock is right twice a day."

그렇다면 사람들은 돌지 않는 시계를 사용할까 안 할까? 물론 이용하지 않는다. 아주 좋은 시계거나 안틱 제품으로 보관할 가치가 있는 것이라면 몰라도 말이다. 정확도 하면 시계 못지않게 우리는 일기 예보를 떠올리게 된다. 일기 예보가 틀리면 기상청은 "오보청"이니 "구라청"이니 하는 오명을 받게 된다.

그러면 우리나라의 일기 예보 정확도는 얼마나 될까? 우리나라가 국토 면적은 작아도 산과 골짜기 그리고 하천이 많고 삼면이 바다인 관계로, 슈퍼컴퓨터를 활용한 수치 예보 기법으로 경험 많은 기상 전문가들이 예보하더라도 어느 나라보다 예보에 있어 어려움이 많은 것이 현실이다. 2022년 기준 우리나라의 예보 정확도는 90% 초반대로 대한민국의 기상청은 세계 6~7위의 기상 기술력을 가지고 있다.

100%의 정확한 일기 예보가 아니면 예보를 활용하는 것이 무의미한 것일까? 다시 시계 이야기로 돌아가 보자. 아주 멈춰 선 것은 아닌데 항상 5분 빠르거나 5분 정도 늦는 시계가 있다고 하자. 물론 이 시계는 하루 한 번도 맞지 않으므로 정확도는 0%이다. 지금이야 대부분 휴대 전화로 시간을 알 수는 있지만 그렇지 않다면 정확한 시각에서 ±5분의 오차를 감안하여 100% 정확하지 않은 시계를 활용할 수 있다. 약속이 있어 나갈 때에는 시계가 5분 정도 늦다고 생각하고 빨리 나가고, 사람을 만날 때는 5분 빠르다고 생각하고 조금은 여유를 가지고 기다리는 것이다.

따라서 일기예보의 정확도가 90%라면 10%의 오차가 있을 수 있다는 것을 감안하여 예보 내용을 일상생활에 활용하는 것이다. 우리나라의 경우 일기 예보의 기상 요소 중 국민들이 가장 관심을 가지는 것은 '비' 예보. 이에 따라 기상청에서는 비에 대하여는 '확률 예보'를 하고 있다. 공지되는 내용은 시간대별 0~100%의 강수 확률이다.

강수 확률이 0%라면 우산을 지참할 필요가 없지만 60%라면 어떻게 하여야 할까? 대부분의 기상캐스터들은 예보를 말할 때 강수 확률을 언급하지 않는다. 일부의 경우에는 "비가 오겠다."라는 식의 단정적 표현을 하기도 한다. 비가 오는 것은 예정된 것이 아니다. 단지 예

그래, 난 꼰대다 그래서 도대체 뭐 어쩌라구?

상할 뿐이다. 따라서 비에 대한 예보를 전달할 때는 확정적 말보다는 "비가 올 것으로 예상된다."라거나 "비가 올 것으로 예측되었다."라고 표현하면서 강수 확률을 같이 알려 주어야 한다. 한편 각종 언론 매체를 통하여 기상 정보를 얻는 국민들은 강수 확률을 감안하여 예보를 일상생활에 활용하는 것이 효과적인 방법이 될 것이다.

4.

울진원전에 다녀와서

지난 10월 7~8일(2013) 이틀간 과우회의 산업 시설 방문의 일환으로 울진원자력발전소와 한국해양과학기술원의 동해 연구소를 다녀왔다. 울진원자력발전소, 그곳은 필자가 1985~1987년 사이 약 2년간 당시 과학기술처의 초대 주재관 실장으로서 근무했던 곳이다. 현재는 6기의 발전소가 가동 중이고 2기가 건설 중, 2기가 계획 단계에 있으며 이름도 "한울"발전소로 바뀌었다.

필자가 울진에 부임할 당시는 호기당 950MW급의 1, 2호기가 한창 건설되던 시기였다. 출근 첫날 현장에서는 바닷바람으로 먼지 자욱한 허허벌판에 1, 2호기의 격납건물(Containment Building)과 터빈·발전기 빌딩의 골조 공사가 한창 진행되고 있었다. 2년여 근무하는 동안 원자로와 터빈 등 주요 기기가 설치되었고, 본부로 복귀할 즈음에는 시운전이 시작되었다.

1, 2호기의 경우 1차 계통(원자로, Nuclear Island)은 프랑스의 프

그래, 난 꼰대다 그래서 도대체 뭐 어쩌라구?

라마톰(Framatome)사(社), 2차 계통(터빈·발전기, Conventional Island)은 역시 프랑스의 알스톰(Alstom)사(社)가 설계와 함께 주요 기기를 공급하였다. 프라마톰사의 1차 계통 설계는 공간을 효율적으로 활용한다는 개념이었기 때문에, 다른 원전에 비하여 작업 공간이 협소하여 기기 설치와 배관(piping) 작업 등에 어려움이 있었다. 그러나 준공 후 현재까지 잘 운영되고 있는 것을 보면서 1, 2호기 원자로의 상량 때 당시 한전의 건설사무소장과 함께 원자로 외부 밑에 서명을 했던 일, 현장 확인차 격납 건물에 들어갔다가 격납 건물 천장에 설치되어 있는 폴라 크레인(Polar Crane) 기사가 작업용 천장 출입구 뚜껑을 닫고 점심 먹으러 가는 바람에 깜깜한 공간에서 장시간 갇혀 있었던 일 등이 주마등처럼 지나갔다.

그러나 무엇보다도 마음 한구석으로는 원자력발전에 대한 최근의 부정적 사안들로 인하여 안타까움을 금할 수 없었다. 원자력(原子力)이란 말은 '근원이 되는 에너지'라는 뜻인데 우리나라가 원자력발전을 계획하고 기술 자립을 추진할 때는 원자력이야말로 바랄 원(願)의 '원자력(願子力)'이었다. 그러나 작금의 여러 가지 상황은 원망할 원(怨)의 '원자력(怨子力)'이 되는 것은 아닌가 하는 우려를 하게도 한다.

원자력(原子力)이 원자력(怨子力)이 되지 않기 위해서는 '3S'가 철저하게 지켜져야 한다. 첫째는 안전(Safety)이요, 둘째는 평화적 이용 측면에서 핵 물질이 엄격히 관리되는 통제(Safeguard)요, 셋째는 원자력 시설에 대한 보안(Security)이다. 이 '3S'가 정해진 규정과 절차에 따라 엄격히 지켜질 때 원자력은 다시 '바랄 원의 원자력(願子力)'이 되고, 'Nuclear Energy'는 진정한 'New Clear' Energy의 힘을 발휘하게 될 것이다.

[과우회지 2013년도 10·11월 통합호-통권 제222호 필자 기고문,
과우회]

5.

'방사성폐기물 관리 시설'의 입지 선정, 그 미완(未完)의 꿈

우리나라에서 원자력이 본격적으로 이용되기 시작한 것은 1978년 고리원자력발전소 1호기의 가동이라 할 수 있다. 그 이후 우리나라는 원자력 분야에서 기기 제작, 건설 등 기술적 측면뿐만 아니라, 운영 및 사업 관리 등 여러 부분에서 비약적인 발전을 이루어 명실공히 원자력 선진국으로 발돋움하였으며, 2009년에는 아랍에미리트연합국(UAE)에 원자력발전소를 수출하는 등 세계 원전 시장에서 새로운 경쟁국으로 부상하였다.

이러한 과정에서 우리나라는 원자력 기술 자립과 함께 원자력발전에 의한 안정적 전력 공급을 통하여 고속의 경제 성장을 이루었지만, 반면에 안면도와 부안 사태, 원전 주변 지역 주민의 반대 등 뼈아픈 경험과 어려움을 겪기도 하였다.

안면도 사태는 1990년 10~11월 방사성폐기물 관리 시설 부지로 선정된 안면도에서 발생한 대규모 주민 시위 사건으로, 우리 사회에 끼친 영향이 심대(深大)했다. 안면도가 후보 부지로 선정된 것은 시설 건설 및 운영 측면에서 다른 지역보다 유리하고, 또한 충청남도의 지역 개발 전략과도 부합되었기 때문이었다. 안면도 사태는 원자력계뿐만 아니라 사회 전반에 걸쳐 큰 영향을 미쳤다. 안면도 사태를 주제로 수많은 석·박사 논문이 발표되었으며, 중앙공무원교육원 등의 교육 기관에서 단골 토의 주제로 다루어졌다.

안면도 사태는 부지 선정 절차나 기술적인 측면에서보다도 동 사태가 발생한 시대적 배경을 들여다볼 필요가 있다. 우리나라에서의 1980년대 후반~1990년대 초반은 노태우 정부가 출범하면서 그간 경직되었던 사회 분위기에 숨통이 트이고, 특히 '88 서울올림픽 개최 후에 사회 각 분야에서 욕구 분출이 봇물 터지듯 쏟아지던 시기였다. 무엇보다도 환경 단체의 목소리가 커지는 가운데, 원자력 문제가 중요한 이슈로 부각되는 시점에 방사성폐기물 관리 시설 부지 선정 작업이 추진된 것이다. 이러한 사회 분위기가 주민들의 시위 현장에서도 그대로 나타나 원자력 관련 반대 시위에서는 격한 상황이 벌어지기도 했었다.

안면도 사태를 계기로 국책 사업 추진에 대한 방법이나 절차에 대한 논의가 활발히 전개되기 시작하였으나, 새로운 환경에 부응하기는 정부나 국민 모두 거리가 있었다. 방사성폐기물 관리 사업이 과학기술처에서 당시 동력자원부로 이관되었고, 그 후 동력자원부를 흡수한 산업자원부가 추진하는 과정에서 2003년 발생한 부안 사태가 이를 말해 주고 있다. 부안 사태는 안면도 사태의 복사판이라 해도 과언이 아닐 정도였다. 안면도 사태와 부안 사태는 주민 기피시설에 대한 'NIMBY(Not In My Back Yard)' 현상의 해소 방안 강구 노력 등을 촉발했으며, 아울러 선진 외국의 사례에 대하여도 집중적으로 분석하는 계기가 되었다.

방사성폐기물 처분장 건설 부지는 안면도 사태 및 부안 사태를 거쳐 경주로 최종 확정되었는데, 선정 과정에서 세 가지 사항을 조건으로 하여 공모 절차를 거쳤다. 세 가지 조건은 첫째로 동 부지에 사용후핵연료(Spent Fuel) 관련 시설은 건설하지 않으며, 둘째 한국수력원자력(주) 본사를 경주로 이전하고, 셋째 경주 지역에 3,000억 원의 지원금을 제공한다는 것이었다.

경주로 낙착된 방사성폐기물 관리 시설 부지 문제는 핵심이 빠지고 손쉬운 것만 해결된 일부만의 성공이 되었다. 방사선 안전 측면에서 보면 원자력발전소 종사자들이 사용한 의복, 장갑 및 폐 기자재 등인 중·저준위 방사성폐기물은 잘만 처리하면 아무런 문제가 되지 않는다. 중요한 것은 사용후핵연료인데, 재활용하든 그렇지 않고 영구처분하든 여러 측면에서 철저한 준비가 필요하다.

우리나라가 원자력발전을 시작한 지 30여 년 만에 원전 수출국으로 부상하기까지는 무엇보다도 과학기술처와 한국원자력연구소가 중심이 되어 일관되게 추진한 원자력 기술 자립 노력 덕분이라 해도 과언이 아니다. 원자력 기술 자립이 완성되기 위해서는 원자력발전소의 '핵 증기 공급 계통(NSSS, Nuclear Steam Supply System)'과 '핵연료 주기(Nuclear Fuel Cycle)' 기술이 완전하게 확보되어야 한다.

그러나 안타깝게도 원자력위원회에서 '방사성폐기물 관리 기본방침'을 정할 때 내포되었던 취지는 사업 주관 부처의 변경 등으로 인하여 퇴색하고 미완의 꿈으로 남게 되었다.

기술 자립에 있어서는 꾸준한 투자와 인내 그리고 고도의 전략이 필요하며, 특히 원자력 분야에 있어서는 더욱 그러하다. 기계 부품처럼 필요할 때 수시로 수입 가능한 것도 아니고, 급하다고 해서 콘크리트 야간 타설 공사하는 것처럼 되는 것도 아니다. 손자·손녀가 빨리 보고 싶다고 임신 중인 며느리 제왕 절개하여 출산시킬 수 없듯이, 아무리 마음이 급해도 건강한 손자·손녀를 보려면 10개월은 기다려야 한다. 며느리가 스트레스 받지 않고 편안한 마음으로 태교에 열중할 수 있도록 참고 도와주어야 하는 것처럼 말이다.

『과학기술선진국을 이룬 숨겨진 이야기들-테크노크라트들의 땀과 혼』 필자 기고문(2012. 4. 21), 과우회/한국기술경영연구원]

6.
'국가과학기술위원회'의 출범
– 그 숨겨진 이야기

'국가과학기술위원회'의 태동

1993년 김영삼 대통령의 문민정부가 출범하면서 과학기술 분야의 대선 공약 사항에 대한 이행 방법이 구체화되기 시작하였다. 과학기술 분야에서의 가장 중요한 대선 공약 사항은 GDP 대비 5% 이상을 과학기술 분야에 투자한다는 것이었다. 당시 과학기술처에서는 특별법을 신규 제정하고 같은 법에 5%라는 수치를 반영하려 했으나, 관련 부처의 반대 등으로 종래의 「과학기술진흥법」을 폐지하고 대신 5년 한시법인 「과학기술혁신특별법」을 제정(1997.4)하여 과학기술 투자의 적극적 확대라는 철학만을 담게 되었다.

정부의 과학기술 투자 확대 정책에 따라 과학기술처를 비롯한 각 부처의 연구개발 예산이 증대되면서, 부처 간의 중복 투자 문제와 정부 차원에서의 투자 우선순위에 대한 조정 기구 필요성이 제기되었다. 물론 그전에도 「과학기술진흥법」에 근거하여 1973년에 설치된 '종합과학기술심의회', 1996년 3월에 설치된 '과학기술장관회의' 등 관계 부처 간의 이견에 대한 조정 협의체가 있었으나, 위원장의 위치가 강력하지 못하여 조정력 면에서 효과적이지 못하였다.

'과학기술장관회의'의 경우 처음에 경제부총리가 맡았던 위원장을 1998년 과학기술처가 과학기술부로 격상되면서 과학기술부장관이 맡게 되다 보니 기획예산처 등의 이견 조정에 한계가 있었다. 이에 따라 과학기술부에서는 대통령이 위원장을 맡아 조정의 실효성을 제고시킬 수 있는 '국가과학기술위원회'를 구상하고, 1999년 1월 「과학기술혁신특별법」을 개정하여 '국가과학기술위원회'를 설치하게 되었다.

대통령이 주재해야만 개최가 가능한 '국가과학기술위원회'

'종합과학기술심의회'와 '과학기술장관회의'를 운영해 본 과학기술부로서는 어떠한 방법을 쓰든지 간에, 정기적으로 대통령이 직접 회의를 주재하는 '국가과학기술위원회'를 설치하여 위원회의 실효성을 제고시키는 것이 가장 중요한 과제였다. 이에 따라 '국가과학기술위원회'는 대통령이 직접 주재하여야만 개최가 가능하고, 또한 어떠한 경우라도 필히 정기적으로 개최되도록 하는 것이 관건이었다. 이를 위하여 과학기술부에서는 두 가지 방법, 즉 부위원장을 두지 않도록 하고 '국가과학기술위원회'의 심의를 공식 예산 수립 절차에 포함시

그래, 난 꼰대다 그래서 도대체 뭐 어쩌라구?

키는 내용을 법에 반영키로 계획하였다.

　이에 따라 '국가과학기술위원회'의 위원장은 대통령으로 하고 부위원장 없이 과학기술부, 산업자원부 등 관련 부처의 장관과 '과학기술자문회의' 위원장 및 민간 전문가를 위원으로 하며, 과학기술부장관이 간사위원을 맡는 것으로 하였다. 이와 함께 각 부처의 과학기술 관련 예산은 '국가과학기술위원회'의 심의를 거쳐 기획예산처에 제출되도록 구상하고 법안을 작성하였다. 당시 필자는 과학기술부 과학기술정책실의 정책총괄과장으로서 이 업무의 주무 과장이었다.

　「과학기술혁신특별법」개정안의 부처 협의 과정에서 연구개발 예산이 타 부처보다 상대적으로 많은 부처에서는 과학기술부의 영향력 증대를 우려하여 개정 법안에 반대하였고, 국무총리실과 기획예산처의 반대 또한 강하였다. 국무총리실에서는 대통령이 위원장을 맡는 회의체라면 당연히 국무총리가 부위원장을 맡아야 한다는 주장이었고, 기획예산처에서는 예산편성권은 기획예산처의 고유 권한이므로 '국가과학기술위원회'가 관여하는 것은 수용할 수 없다는 입장이었다.

　과학기술부에서는 기획예산처의 의견을 일부 수용하여 '국가과학기술위원회'가 조정 의견을 기획예산처에 통보하는 것으로 완화하여 합의하였으나, 부위원장 문제는 당초의 입장을 끝까지 고수하였다. 왜냐하면 부위원장이 있을 경우 '국가과학기술위원회'를 대통령이 직접 주재하지 않고 부위원장에게 대리케 할 가능성이 있기 때문이었다. 대통령이 주재하지 않으면 장관 대신 차관이나 실장급이 참석하여 효과적인 회의 운영이 어려워지는 것은 명약관화한 일이었다.

국무총리실과의 합의가 되지 않아 1개월 이상 줄다리기를 한 끝에 결국에는 국무총리실도 과학기술부의 의견을 수용하여 개정 법안이 국무회의에 상정되게 되었다. 그러나 국무회의 하루 전 관계 부처와의 이견 때문에 개정 법안의 국무회의 상정이 보류되는 등 한바탕 소동이 벌어지기도 했었다.

이러한 우여곡절을 거쳐 「과학기술혁신특별법」 개정안은 국회를 통과하여 부위원장 없는 '국가과학기술위원회'가 탄생하게 되었다. '국가과학기술위원회'는 출범 후 매번 대통령이 직접 주재하였으며, 나중에 과학기술혁신본부와 과학기술부총리제 구축의 기초가 되었다. 그러나 '국가과학기술위원회'는 다시 장관급의 위원회로 격하되고 과학기술 정책 부처의 중심 역할도 할 수 없는 상태가 되어 안타까움을 금할 수 없다.

『과학기술선진국을 이룬 숨겨진 이야기들-테크노크라트들의 땀과 혼』 필자 기고문(2012. 4. 21), 과우회/한국기술경영연구원]

7.
'NIMTOO'를 넘어 'TINA'로!

'NIMBY'가 아닌 'PIMBY'를 향하여

'NIMBY', 국가나 사회적으로 중요한 시설을 건설할 때 해당 지역 주민들의 반대를 지칭할 때 거론되는 말이다. 'Not In My Back Yard', 필요성 여부를 떠나 '우리 집 뒷마당은 안 된다'는 관용어로, NIMBY 현상은 주민뿐만 아니라 해당 시설이 들어설 지역의 행정기관까지 연관되기도 한다.

주민들이 기피하는 시설에는 원자력발전소 등 전력 생산 시설, 변전소 및 송전선로 등 전력 변환 및 이송 시설, 폐기물 소각장 및 매립장, 화장장이나 납골당 같은 장례 시설 등 다양하다. 이러한 시설들은 대부분 입지 조건이 있어 이에 맞추다 보면 관련 지역 주민들과의 갈등이 불가피하다. 폐기물 매립장의 경우를 예로 들면 극단적으로 주민과 합의가 안 된다고 가정할 때, 그 시설의 확보 책임은 각 광역 지방자치단체로, 또다시 기초자치단체로, 끝에 가서는 각 가정마다 설치해야 한다는 웃지 못할 결론이 나온다.

그래서 이렇게든 지역 주민이나 관련 단체 등과의 합의를 통하여 사업을 추진해야 하는데, 이를 위해서는 지역 사회 발전을 위한 기금 지원이나 지역 출신 인력의 적극적인 채용 등 다각적인 방안이 시행된다. 이를 통하여 'NIMBY'의 반대 개념인 'PIMBY(Please In My Back Yard)' 분위기를 조성하는 것이다.

방사성폐기물 관리 정책의 수립

현재 우리나라에서 시급하고 중요한 과제 중의 하나는 무엇보다도 원자력발전소에서 나오는 사용후핵연료의 관리 시설 부지 확보다. 정부에서는 제211차 원자력위원회(1984. 10)에서 처음으로 국가 차원의 '방사성폐기물 관리 대책'을 수립했다. 중·저준위 방사성폐기물은 육지 처분한다는 원칙하에 영구처분장은 원전부지 외부에 건설하고, 이를 위해 정부 주도의 비영리기관을 설치하며 관리 비용은 발생자 부담으로 한다는 것이었다.

1988년 7월 개최된 제220차 원자력위원회에서는 '방사성폐기물 관리 기본방침'이 의결되었다. 당시 필자는 이 업무 담당 사무관이었다. 결정된 내용을 보면 중·저준위 방폐장은 1995년 말까지 건설하고, 사용후핵연료는 'Wait and See' 개념의 정책 방향 아래 1997년 말까지 중간저장시설을 건설하는 것이었다. 'Wait and See'는 '재처리할 것이냐 아니면 최종 처분할 것이냐'를 바로 정할 것이 아니라 여러 가지 상황을 두고 보면서 판단하자는 것이었다.

그러나 이 사업은 추진 과정에서 여러 번의 굴곡을 겪는다. 1990년에는 과학기술처가 주관부처였는데 안면도 사태가 발생했고, 2003년에는 부안 사태가 일어났다. 이때의 주관부처는 산업자원부였다. 이러한 일련의 사건을 거치면서 사업주관기관은 한국원자력연구소에서 한국전력공사로 그리고 한국수력원자력(주)으로 이관되고, 실제 사업 수행은 한국원자력환경공단이 추진하게 되었다.

2004년 제253차 원자력위원회에서는 중·저준위 방사성폐기물 처분장과 사용후핵연료 관리 시설 건설을 분리 추진하는 것으로 방침을 정했고, 이에 근거하여 경주에 중·저준위 방사성폐기물 관리 시설이 건설되게 되는데 부지 선정 시도 9번째 만에 성공했다. 그러나 핵심인 사용후핵연료 관리 시설은 아직까지 미완의 과제로 남아 있다. 1988년 '방사성폐기물 관리 기본방침'을 정할 때만 하더라도 10년 후면 사용후핵연료 관리 시설을 확보할 것으로 예상했었는데, 35년이 지난 현재까지도 해결되지 않을 줄은 당시의 업무 담당자로서는 상상조차 하지 못했었다.

현재는 사용후핵연료를 원자력발전소에 임시 저장 중인데, 각 원전별로 저장 용량이 한계점에 다다르면 임시 방편으로 계속 저장 시설을 확충하고 있다. 그러다 보니 그때마다 지역 주민들과의 갈등이 이어지고 있다.

'NATO', 'NIMTOO'에서 'TINA'로

이제는 정말 더 이상 미룰 수 없다. 해당 지역 주민들에게 'NIMBY' 현상이 있다면 관련 당국자에게는 'NATO(No Action Talking Only)'와 'NIMTOO(Not In My Terms Of Office)'가 있다. 민감하고 어려운 사업에 대하여는 '말만 하고 행동으로는 옮기지 않으며, 자기가 해당 업무를 담당하고 있는 동안에는 결정을 내리거나 무리하게 추진하지 않는다'는 말로 세계 공통의 관용어가 되어 있다. 그렇다면 이에 대한 해결 방안은 없을까?

1979년 5월 3일 영국 총리로 취임한 '대처'는 부임 후 얼마 되지 않아 한 언론과의 인터뷰에서, 자신의 시장자유화 정책에 대하여 비판적 질문을 받자 곧바로 명확한 입장을 밝혔다. "There is no alternative(대안은 없다)." 세간에서는 머리글자를 따서 'TINA'로 불린다. 대처 총리는 11년의 재임 기간 동안 국영 기업 민영화와 노조 활동 규제 입법, 고정금리 폐지, 국가 복지 제도 전면 재검토, 대규모 감세 조치 등을 강력히 추진했다. 1984년 영국 광산 노동자들이 전국적인 파업으로 대처 정책에 맞섰지만, 대처는 강경 진압과 대국민 호소를 통해 이를 잠재웠다. 이러한 일련의 정책에는 'TINA'의 신념이 배어 있었다. 이를 바탕으로 취임 시 -2%이던 영국의 경제 성장률은 10년 만에 5.6%로 급상승했다. 소위 '영국병'이 치유된 것이다. '대처' 총리의 'TINA' 신념은 현재 우리 대한민국이 처한 현실에 좋은 시사점을 제시한다고 볼 수 있다.

사용후핵연료 재처리 과제

쌓여 가는 사용후핵연료를 처리하는 데는 '대안이 없다'. 사용후핵연료나 그것을 재처리한 후 발생되는 고준위 폐기물, 즉 반감기가 긴 방사성 물질의 처리 방법은 이제까지 몇 가지가 연구·검토 되었었다. 1980년대에는 세계 각국의 전문가들이 아이디어 차원에서 우주에 폐기하거나 남극의 얼음 속에 처분하는 것까지도 구상했었던 적이 있다. 그러나 우주 폐기는 향후 우주가 인류의 생활 공간이 될 수 있고, 혹시라도 발사 과정에서 사고가 날 가능성도 있기 때문에 현실성이 없다. 한편 남극 처분은 고준위 폐기물에서 발생하는 열 때문에 남극의 얼음이 녹고, 더욱이 지구온난화로 빙산이 떨어져 나와 남극해를 오염시키면, 이로 인해 우리 인류의 단백질 자원인 크릴새우도 오염될 수 있어 검토 대상에서 제외되었다. 그러다 보니 현실적으로는 육지에 처분하는 방법밖에 없는데, 바젤협약이나 바마코협약과 같은 국제 협약에 따라 유해 폐기물의 국가 간 이동(Trans-boundary Movement)이 엄격히 금지되어 있어 어떻게든 발생국 육지에 처분, 관리해야 한다.

우리나라의 경우는 2021년 12월 27일 개최된 제10회 원자력진흥위원회에서 '제2차 고준위 방사성폐기물 관리 기본계획'을 확정하면서, 그동안 미결로 남아 있던 사용후핵연료 처리에 대한 방향과 목표를 정했다. 부지 선정을 절차 개시 13년 내에 마무리한 후, 7년 안에 해당 부지에 중간저장시설을 건설하며, 중간저장시설 건설과 병행하여 영구처분을 위한 지하 연구시설 건설과 실증연구를 14년 동안 시행한 후 10년 안에 영구처분시설을 확보한다는 계획이다. 내용을 축약하면 부지 선정 절차 착수 이후 20년 내 중간저장시설, 37년 내 영구처분시설 확보 목표다.[19]

사용후핵연료를 직접 영구처분하는 최초의 나라는 핀란드이다. 2024년 말 시운전을 거쳐 2025년경 최종처분을 개시한다는 목표로 '온칼로(Onkalo)' 영구처분장을 건설하고 있다.

'온칼로' 사용후핵연료 영구처분장은 핀란드 남서부 올킬루오토 섬 암반 450m 깊이에 건설 중인데 사용후핵연료를 10만 년 보관할 수 있다. 우리나라는 핀란드와 달리 국토 면적도 작고, 특히 사용후핵연료 영구처분에 적합한 규모의 부지와 지질, 암반의 크기 그리고 주변의 지하수 흐름 등의 측면에서 여러 가지 제한 요소가 클 것이다. 따라서 우리로서는 첫째로 우선 재처리를 통하여 관리하여야 할 고준위 방사성폐기물의 부피부터 줄이는 것이 급선무이다. 사용후핵연료를 재처리하면 부피는 1/20, 발열량은 1/100, 방사성 독성은 1/1,000로 줄어든다. 둘째로는 부지 선정 과정에서 예기치 못한 암초를 만날 수도 있다. 시간이 많이 경과된 시점에서 그런 일이 발생하면 그야말로 진퇴양난의 어려움에 빠진다. 전력공급이 심각하게 제한을 받는 등 위기를 맞을 수도 있기 때문이다. 따라서 대안을 염두에 두고 추진해야 한다. 이에 대비하기 위해서는 비상계획(Contingency Plan) 차원에서 사용-후핵연료의 재처리는 불가피하

---

19 보도자료(2021.12.27), 대한민국 정책브리핑 '제10회 원자력진흥위원회', 국무조정실

그래, 난 꼰대다 그래서 도대체 뭐 어쩌라구?

다. 사용후핵연료의 건식처리인 '파이로프로세싱' 연구와 병행하여 습식처리 방식인 'PUREX' 처리도 대비해야 한다. 셋째로는 사용 가능한 잔존 에너지 자원도 회수하여 재활용하여야 한다. 따라서 사용후핵연료의 재처리 문제는 우리에게는 국방 목적 이용과 관계없이 중요한 과제이다. 물론 이를 위해서는 한미 원자력협정 개정이 선행되어야 한다.

독일과 일본의 사례

1993년 3월 12일 북한이 NPT 탈퇴를 선언했다. 그때 필자는 IAEA와의 협력 업무가 주 담당 업무였던 당시 과학기술처 원자력실의 원자력협력과장이었다. 따라서 그날 NPT의 사무국 역할을 맡고 있는 IAEA에서의 추진 상황을 실시간 모니터하기 위해 사무실에서 직원들과 같이 밤을 새웠었다. 그로부터 30년, 지금 북한은 실질적 핵 보유국이 되었다.

필자가 1982~1985년 독일의 칼스루에(Karlsruhe)대학교에서 유학할 때 당시 대학에서 멀지 않은 곳에 '칼스루에 원자력연구센터(KFK)'가 있었다. 동 연구센터는 칼스루에 대학과 하이델베르크 대학의 각종 부설 연구소와 함께 일부 민간 기업의 연구소도 들어와 있었다. 지금은 모두 칼스루에 대학교로 편입되어 대학 이름도 'University Karlsruhe'에서 KIT(Karlsruhe Institute of Technology)로 바뀌었다. 당시 필자는 KFK 내의 실험용 재처리 시설 견학을 지도교수에게 요청했었다. 왜냐하면 필자가 공부하던 분야가 사용후핵연료의 재처리 후 남게 되는 고준위 방사성폐기물의 처리 방법이었기 때문이었다. 지도교수는 차일피일 미루다가 귀국 며칠 전에야 견학을 주선해 주었는데, 막상 현장에 가 보니 필자가 들어갈 수 있도록 허락된 시설은 극히 제한되었었다. 그야말로 '수박 겉핥기식' 보여 주기였다.

필자는 당시 안내해 준 연구원에게 농담 반 진담 반으로 물어보았다. "독일은 핵 개발 안 하느냐?"라고. 그의 답은 이러했다. "위에서 명령만 내리면 1주일 안에 만들 수 있다."라는 것. 그 역시 농담 섞어 과장되게 대답했지만, 그 속에는 핵심이 있었다. 필자에게 그의 대답은 핵무기의 3요소를 다 갖추고 있거나 갖출 수 있다는 자신감의 표현처럼 느껴졌다. 제일 중요한 플루토늄은 1989년부터 일정기간 영국과 프랑스에 위탁 재처리하여 상당량의 플루토늄을 확보했다. 지금은 '독일의 방사성폐기물은 독일 내에서 처리한다.'라는 방침에 따라 위탁 재처리는 더 이상 하지 않는다.

일본은 또 어떤가? 일본은 1968년 미일 원자력협정 체결 때 사용후핵연료의 재처리를 승인받았다. 처음에는 영국과 프랑스에 위탁하여 재처리하였고, 일본 국내에서는 도카이무라(東海村) 재처리 시설에서 그리고 2006년 이후에는 혼슈(本州) 북동쪽 끝에 위치한 아오모리(青森)현의 로카쇼무라(六ケ所村) 시설에서 재처리하고 있다. 로카쇼무라에는 재처리 시설 외에 우라늄 농축 시설, 저준위 방사성폐기물 처분 시설, 고준위 방사성폐기물 관리센터가 모여 있는 일본의 핵연료 주기 시설의 명실상부한 중심 기지이다. 필자는 당시에 원자력 분야 연구개발과 방사성폐기물 관리 업무의 주무과장인 원자력개발과장으로서 시설 건설 초기에 이곳을 두 차례 방문했었는데, 그야말로 전율을 느꼈던 기억이 지금도 생생하다. 일본 역시 현재 다량의 플루토늄을 보유하고 있다.

독일과 일본, 이 두 나라는 제2차 세계 대전의 대표적인 패전국이다. 그런데도 불구하고 전쟁 상대국이었던 미국과 프랑스 그리고 영국의 승인과 협조로 사용후핵연료를 재처리하였고 재처리하고 있다.

1993년 10월, 러시아가 동해에 액체 방사성폐기물을 투기하여 큰 이슈가 되었었다. 이에 따라 1993년 11월 런던에서 국제해사기구(IMO, International Maritime Organization) 회의가 개최되었는데, 우리나라에서는 외교부 국제경제국장을 수석대표로 하고, 방사성폐기물 분야는 당시 과학기술처 원자력협력과장을 맡고 있던 필자가, 그리고 일반폐기물 분야는 환경처 담당 과장이 대처하는 것으로 하여 동 회의에 참가하였다.

방사성폐기물 분과 회의에서는 방사성폐기물의 해양투기 기준 즉 허용폐기물과 금지폐기물을 정하는 것이 쟁점이었다. 난상토론이 이어졌는데 쉽사리 결론이 나지 않았다. 그러자 분과회의 의장이 15분간 정회를 선포하였다. 일본에서는 이 분과에만 4명의 대표가 참석했는데, 당시 외무성 및 과기청 과장, 해군 대령 그리고 해양법 전문가였다. 정회시간에 이들은 서로 상의하에 일본의 대응입장을 정하는 것을 보면서 혼자 참석한 필자로서는 안타깝고 부럽기까지 하였다. 당시 우리나라는 런던협약(London Convention)을 관장하는 IMO의 회원국이긴 했지만 런던협약의 당사국은 아니어서 업저버 자격으로 참석하였다. 업저버국은 발언은 할 수 있어도 의결권은 없었다. 우리나라는 그다음 달에 당사국이 되었다. 이렇다 보니 일본처럼 체계적으로 대비할 여건이 되지 못했다.

회의가 속개된 후 합의안 작성과정에서 독일대표가 이의를 제기했다. 합의안 초안에는 폐기 가능한 방사성폐기물을 적시하는 'Positive List' 개념으로 되어 있었고, 표현은 "···폐기 가능 폐기물, 즉(that is) ○, △, □···."이라고 되어 있었다. 그러자 독일대표가 향후 기술이 발전되면 해양투기가 가능한 방사성폐기물 종류가 더 늘어날 것이므로 'that is'를 'for example'로 고치자는 것이었다. 당사국 참가자들이 모두 동의하여 독일의 의견대로 런던협약 수정안이 통과되었다. 당시 독일과 일본이 보여 준 치밀한 대비 자세와 꼼꼼함은 필자에게 많은 것을 생각하게 했다.

어쨌든 우리로서는 현실적인 이유로 사용후핵연료 영구처분에 대한 대안 마련이 중요할 수밖에 없다. 멀리 갈 것도 없다. 최근의 새만금 세계스카우트잼버리대회가 'Plan-B'의 중요성을 다시금 깨닫게 해 주었듯이 말이다. "Time and tide wait for no man."이라는 속담이 말해 주듯이 우리에게는 그야말로 "There is no alternative."이다.

8.
과학관 '전시 해설 봉사'의
뒷이야기

필자는 매주 일요일 국립과천과학관의 첨단 기술 1관 내 정보통신 관련 파트에서 전시물 해설 봉사를 하고 있다. 일요일은 관람객의 대부분이 부모와 함께 오는 초등학생이거나 더 나이가 적은 어린이들이고, 필자가 맡은 파트에서 가장 설명을 필요로 하는 부분은 '텔레매틱스 카'와 '나도 아나운서'라는 제목의 증강현실(AR, Augmented Reality) 코너이다.

하루는 손자, 손녀를 따라오신 듯한 70대 초반의 어르신께서 오셔서 증강현실 코너에서 혼자 머뭇거리시기에 다가가 카메라가 무늬를 인식하여 화면에 사물을 입체적으로 띄워 주는 기술에 대하여 설명해 드렸다. 이와 함께 유사한 기술로 QR(Quick Response) 코드에 대하여 설명해 드리고, 바로 앞에 설치된 텔레매틱스(Telematics) 코너의 설명문에 있는 QR 코드를 스마트폰으로 시연해 보여 드렸더니 너무나 신기해하시면서 입을 다물지 못하셨다.

초등학생을 데리고 온 30대 후반의 한 어머니께서는 QR 코드를 사용할 줄 알고 계셨는데, QR 코드는 360도 어느 방향에서나 고속읽기가 가능하도록 위치 찾기 심벌(Position Detection Patterns)이라 하여 QR 코드의 네 귀퉁이 중 세 곳에는 작은 네모가 있으나 오른쪽 아래 귀퉁이에는 네모가 없는 것에 대하여 설명해 드렸더니 그것까지는 몰랐었다고 하면서 아주 고맙게 생각하였다.

QR 코드는 Bar 코드와 함께 일상생활에서 광범위하게 사용되는 중요한 표식이지만, 일부 어르신들과 같은 정보 기술 사용 약자에게는 어떻게 보면 '그림의 떡'일 수 있겠다는 생각이 들어 안타까우면서도, 작은 것이나마 과천과학관을 찾아오신 어르신께서 새로운 기술을 알게 해 드린 것 같아 보람을 느끼기도 한다.

그러나 한편으로는 관람 온 어린이들과 동반한 부모들의 행동을 보면서 '부전자전(父傳子傳)'이라는 말을 자주 떠올리곤 한다. '텔레매틱스 카' 코너는 해설자의 설명이 없으면 큰 의미 없이 스쳐 지나가는 전시물이 될 수 있어, 가능하면 어린이는 물론이고 학부모에게도 설명한다. 그러나 설명이 끝난 후의 관람객들의 반응은 천차만별이다.

예를 들어 '감사하다'는 인사 표현과 관련하여 4가지 형태로 분류해 보면, 첫째 유형은 학부모가 고맙다는 인사를 하는 것은 물론 자녀에게도 인사하라고 반드시 시키는 경우, 둘째 유형은 학부모만 인사하고 가는 경우, 셋째 유형은 아이만 고맙다고 인사하고 부모는 아무 말 없이 가는 경우, 그리고 넷째 유형은 학부모, 아이 모두 아무 말 없이 가는 경우이다.

그래, 난 꼰대다 그래서 도대체 뭐 어쩌라구?

비율상으로 보면 대략 첫째 유형이 10% 정도, 둘째, 넷째 유형이 각각 45% 정도, 셋째 유형은 가뭄에 콩 나듯 거의 없는 유형이다. 첫째 유형과 넷째 유형을 비교해 보면 자녀들의 행동이 어쩌면 그렇게 부모들의 행동과 닮았는지 놀랄 때가 한두 번이 아니다.

과학관 전시 해설 봉사를 한 지 얼마 되지 않았는데도 일요일 관람객의 수가 많다 보니, 이제는 부모 얼굴만 보아도 어느 유형에 속하는지 대략 감이 잡힌다. 인사 없이 그냥 가는 부모의 자녀들은 대부분이 전시물을 손으로 두드리고 발로 차고 작동이 마음같이 안 되면 화를 내는 모습들이었다. 부전자전의 말과 함께 나중에 나도 손자, 손녀가 생기면 과천과학관 봉사에서 경험한 것들이 좋은 반면교사(反面敎師)가 될 것이라는 생각이 들었다.

또 다른 경험은 얼마 전 중학교 1학년 학생이 필자가 담당하고 있는 정보통신 파트에 자원봉사를 나왔다. 오자마자 책상에 앉더니 스마트폰으로 게임에 열중하고 전시물을 손으로 두드려 보고 해서 주의를 주었다. 잠시 후 어느 부부가 이 학생과 대화를 나누더니 학생이 사라졌다. 나중에 알고 보니 그 부부는 자원봉사 학생의 부모이고 학생은 자원봉사에는 관심이 없고 자기 부모와 전시관 관람에 시간을 보내고 느지막이 나타났다. 어이가 없었으나 기분 상하지 않게 타이르고 나오면서 씁쓸한 마음을 금할 수 없었다.

[과우봉사단 창설 7주년 기념 봉사 수기집『봉사는 사랑을 싣고』
필자 기고문(2013. 12. 15), 과우회/과우봉사단]

9.

청소년 과학 특강의
감흥과 아쉬움

중·고등학교 학생들에 대한 과우봉사단의 과학 특강 활동은 이제 본 궤도에 접어들었다. 시행 초기 IMF 사태로 야기된 청소년들의 이공계 기피 문제를 해결하는 데 조금이나마 도움을 주고자 했던 과학 특강 활동이, 이제는 서울뿐만 아니라 수도권의 변두리, 휴전선 인근 지역까지 범위가 확대되었고, 대상 학교도 연간 약 150여 개교로 늘어났다. 이제는 초등학교 5~6학년까지 과학 특강을 요청하여 듣는 상황이 되었으며, 그사이 『청소년이 묻고 과학자가 답하다』라는 제목으로 과학 특강 강연집도 발간되었다.

필자는 초기부터 참여하여 여러 학교에 다니면서 어떤 때는 여러 강연자가 함께 가서 한 학급씩 맡아 강의하기도 하고, 또 어떤 때는 강당에 모인 300~400명 학생을 대상으로 혼자 강연하기도 하였다. 처음에는 우수 인재들의 이공계 진출을 유도하는 데 초점을 맞추고 강의용 파워포인트 자료 내용도 이공계의 중요성 및 역할, 발전 가능

그래, 난 꼰대다 그래서 도대체 뭐 어쩌라구?

성 및 관련 유망 직업 등에 관한 것으로 준비하였었다.

그러나 여러 학교에 다니면서 느낀 것은 학생들이 너무 유약하면서 때로는 거칠고, 무엇보다도 미래에 대한 꿈도 별로 갖고 있지 못하다는 점이었다. 그래서 강의 주제를 '과학적 삶, 창조적 미래'로 바꾸고, 내용도 어려움을 극복하면서 강인한 삶을 살아 성공한 사람들의 이야기를 중심으로, 도전 정신과 창의적 사고 등을 갖는 계기가 될 수 있도록 수정하였다. 또한, 필자는 강의 전에 반드시 교장 선생님이나 과학 특강을 주관하시는 선생님께 학생들의 가정 환경에 대하여 묻고 교실에 들어갔다. 과학 특강을 하면서 요즈음 학생들이 예전에 비하여 좋게 표현하면 자유분방하고, 현실적 측면에서 보면 예의 없다고 할 수 있는데, 때로는 학생들의 순수하고 여린 마음들을 읽고 가슴이 뭉클한 경우도 있었다.

수도권 변두리의 어느 중학교에 특강을 갔을 때였다. 거리는 그렇게 멀지 않은데 교통편 연결이 좋지 않아 학교까지 가는 데 상당한 시간이 걸렸다. 강의 전 출장 중이신 교장 선생님을 대신하여 교감 선생님께서 반갑게 맞아 주셨다. 그 학교는 남녀 공학으로 학년당 한 학급씩 있고, 전체 학생 수가 70여 명에 불과하고 선생님도 열한 분밖에 안 계셨다. 여느 때처럼 강의 전에 교감 선생님으로부터 학생들의 가정 환경 등에 대하여 설명을 들었다. 전체 학생의 90% 정도가 결손 가정이고 특히 조손(祖孫) 가정이 많으며, 대부분이 멀리 떨어진 외딴집에 산다는 것이었다.

이러한 학생들의 처지를 염두에 두고 1시간 남짓 강의를 하면서,

현재의 힘겨운 상황이 미래를 결정하는 것이 아니고, 조그만 꿈이라도 각자의 꿈과 현실에 충실한 노력이 밝은 미래를 가져올 수 있다는 점을 강조하였다. 우리의 삶은 어느 누구나 '생로병사(生老病死)'의 단계를 거치고, 그 과정에서 '희로애락(喜怒哀樂)'을 경험하게 된다고 하면서 스페인 속담의 뜻도 알려 주었다. "항상 맑으면 사막이 된다. 비가 내리고 바람이 불어야만 비옥한 땅이 된다."라는 말의 의미를 강조한 것이다.

강의 도중에 꿈도 물어보고 퀴즈도 내면서 대답한 학생들에게는 과우회에서 준비해 준 문화상품권도 나누어 주었다. 기대했던 것 이상으로 학생들의 수강 분위기가 진지했고, 표정에 구김살이 없었다. 강의가 끝난 후 연단을 내려오니 20여 명의 학생들이 우르르 몰려들어 자기들 손을 잡아달라는 것이었다. 갑작스러운 상황에 약간은 당황했지만, 학생들의 손을 잡아 주면서 필자의 명함에 학생들의 이름을 적고 사인을 해 주었다. 학생들의 고마워하는 모습을 보면서 처음에 당황해했던 것이 속으로 미안하기도 하였다

강의를 끝내고 다음 학교로 가려는데 주관하신 선생님께서 준비해 갔던 강의자료 USB를 주지 않으시면서 구내식당에서 학생들과 함께 점심을 같이하고 가라고 간곡히 청하여 식당으로 자리를 옮겼다. 식당에 가니 외출 중이신 교장 선생님을 뺀 대부분의 선생님이 참석해 계셨다. 선생님들과 이야기를 나누면서 학생들에 대한 선생님들의 진정한 애정과 따뜻한 마음을 느끼게 되었고, 그러한 선생님들의 보살핌 덕분에 학생들이 어려운 환경 속에서도 밝게 자라나고 있음을

그래, 난 꼰대다 그래서 도대체 뭐 어쩌라구?

알 수 있었다. 여러 학교에 다녀 봤지만, 이 학교처럼 사도(師道)를 실천하고 있는 학교는 드물다는 생각이 들었고, 그 어린 학생들의 순수하고 어린 마음과 선생님들의 따뜻한 정은 필자의 가슴에 오랫동안 여운으로 남았다.

반면에 어느 학교의 경우 강의 전에는 전화로, 문자메시지로 거듭 확인하시던 선생님이 강의가 끝난 후에는 얼굴도 안 비쳐 혼자 작별 인사도 못 하고 온 경우도 있었다. 당시에는 수업 중이거니 생각하고 나중에라도 전화나 문자로 인사를 하시리라 예상했었는데, 그것도 없어 씁쓸한 마음과 함께 그 선생님의 얼굴이 앞의 중학교 선생님들의 얼굴과 겹쳐 보였다.

[과우봉사단 창설 7주년 기념 봉사 수기집『봉사는 사랑을 싣고』필자 기고문(2013. 12. 15), 과우회/과우봉사단]

10.
과학적 삶, 창조적 미래

한 학생의 돌출 행동

어느 날 수도권에 있는 한 중학교에 과학 특강을 갔다. 강의 대상 학생들은 중학교 3학년. 우스갯소리로 '북한도 무서워한다'는 '중3'이 었다. 교실에 들어서니 공기가 조금은 냉랭했다. 거기에다 담임선생 님이 학생들 자리 중간에 앉아 계신 것이 아닌가. 보통은 강사 소개만 하고 나가시거나 때로는 뒷자리에 앉아 강의를 같이 듣는 것이 일 반적인데, 학생들 좌석 중간에 계신 것 자체가 그 학급의 평소 분위기를 말해 주는 것이었다.

간단히 화두를 꺼내고 강의를 본격적으로 시작하려는데 뒷자리에 앉은 한 학생이 빈 콜라 페트병으로 책상을 두드리면서 분위기를 깼다. 한 5분 정도 지나도 마찬가지. 상황을 보니 그 학생은 그 학급의 '일진'인 것 같았다. 중·고등학교 과학 특강을 많이 가다 보니 여러

그래, 난 꼰대다 그래서 도대체 뭐 어쩌라구?

가지 느끼게 되는 것이 많았는데, 그중 하나는 일진들의 자리가 거의 비슷하다는 점이다. 창가에서 두 번째 줄의 뒤 끝자리는 소위 '짱'의 자리이다.

강의를 계속하기 어렵고 담임선생님도 어쩔 수 없다는 표정이어서 그 학생을 교단으로 불러냈다. 아무리 '짱'이라고 해도 교단 앞으로 나오게 해 같은 반 학생들을 바라보고 서라고 하면 긴장하기 마련. 더구나 외부에서 온 특강 강사이니까 더욱 그러한 것 같았다. 앞으로 나온 학생에게 물었다. "꿈이 뭐냐?"라고. 대답은 간단했고 명확했다. 나중에 어른이 되면 햄버거집을 차려 돈을 벌고 그 돈으로 세계여행을 간다는 것이었다. 거창한 것을 이야기하거나 꿈이 없다고 할 줄 알았는데 의외로 소박하고 현실적인 꿈이었다.

앞에 앉아 있는 학생들에게 불려 나온 학생의 꿈에 대한 의견을 물으니 다들 좋다는 것이었다. 그래서 필자는 불려 나온 학생의 꿈이 이루어지길 응원한다는 의미로 모두 손뼉을 치게 하고, 과우회에서 준비해 준 문화상품권을 주면서 자리에 가 앉게 했다. 그 후에 그 학생은 어떻게 행동했을까? 같은 반 친구들한테서 박수도 받았겠다 게다가 문화상품권까지 받아서 그랬는지, 아니면 자기의 꿈이 좋다는 평가를 받아서 그랬는지는 몰라도 강의가 끝날 때까지 조용히 앉아 경청했다.

중학생들에 대한 특강

그 당시 필자의 강의 내용은 이러했다. 첫째로는 생각의 벽, 사고의 경직성을 깨뜨려야 한다. 현재의 10대, 20대가 인생의 꽃을 피울 시기는 아마도 20년 내지 30년 후쯤 될 것인데, 이때의 상황을 지금의 기준으로 판단하는 것은 지혜롭지 못하다. 따라서 현재를 기준으로 하는 고정된 사고를 타파하고 시대에 앞선 생각, 남과 다른 생각을 가져야 한다. 이를 BMW(Break the Mind Wall)로 표현하고 싶다. BMW의 원뜻은 독일어로 'Bayerishe Motoren Werk', 즉 '바이에른 자동차 공장'이다. BMW의 마크를 보면 원 두 개가 있는데, 바깥 원에는 'BMW'라 쓰여 있으며, 안쪽은 원을 열십자로 나누고 대칭적으로 두 칸은 흰색, 다른 두 칸은 파란색이다. 여러 설이 있지만 흰색은 알프스의 눈을 의미하고 파란색은 알프스 상공의 하늘을 뜻한다고 한다. 알프스를 강조한 것은 BMW 본사가 알프스와 인접한 뮌헨에 있을 뿐만 아니라, BMW 최대 생산 기지인 딩골핑(Dingolfing) 공장이 뮌헨 인근에 있기 때문이다.

둘째로는 작은 일에도 최선을 다하고 무엇보다도 열정을 바쳐야 한다. 사자가 먹잇감을 사냥할 때는 아무리 하찮은 것이라 하더라도 전력을 다해 질주한다고 한다. 에디슨이 설립한 미국의 GE(General Electric)사는 미국의 자존심이라고 해도 과언이 아닐 미국의 대표적 기업이다. 한동안 침체를 면치 못하다가 잭 웰치(Jack Welch)라는 걸출한 CEO가 등장하여 GE를 다시금 세계의 초일류 기업으로 만들어 놓았다. 잭 웰치 회장은 재임 기간 내내 무엇보다도 GE의 발전을 위해서는 직원들의 의식이 중요하다고 생각하고 직원 교육과 직원과의 소통에 많은 시간을 할애하였다. 당시 잭 웰치 회장이 직원들에게 강조한 것은 무엇보다도 직원들의 열정(Passion)이었다.

근래 취업난 속에서 구직자들이 생각하는 소위 취업의 스펙을 보면 해외 어학연수, 영어성적, 자격증 및 봉사 실적 등 여러 가지가 있지만, 정작 기업의 인사 담당자들이 생각하는 최고의 스펙은 창의적인 생각과 도전 정신, 업무에 대한 성실성과 열정이다.

셋째로는 어떠한 상황에 처하더라도 슬기롭게 대처하고 나아가 그 상황을 이용할 줄 알아야 한다. 근래 들어 온실가스에 의한 기후 변화로 전 세계 곳곳에서 이상 기상 현상이 빈발하고 있다. 이러한 기후 변화에 대한 대책으로 '기후 변화에 관한 정부간 위원회(IPCC)'에서는 소위 'Two Track Approach'를 권고하고 있다. 우선적으로는 온실가스 감축을 통한 기후 변화 현상의 '완화(Mitigation)'이고, 그 다음으로는 지금 당장 온실가스 방출을 완전하게 억제한다 하더라도 이미 발생한 온실가스에 의하여 일정기간은 불가피하게 기후 변화가 지속될 것이므로 기후 변화에 '적응(Adaptation)'하는 것이다.

우리의 미래를 위해서는 기후 변화에 대한 대책에서 IPCC가 권고하는 '완화'와 '적응' 외에 이러한 현상을 이용할 수 있어야 한다. 지구가 생성된 후 수많은 생물체가 명멸하였다. 그 과정에서 살아남은 생물체는 강자가 아니라 환경에 적합하게 적응한 적자(適者)였다. 매머드, 공룡은 강자였음에도 변화되는 환경에 적응하지 못하고 멸종

되었으나, 초파리나 쥐는 약자였음에도 살아남았다. 강자 생존이 아니라 적자 생존의 자연 법칙을 여실히 증명한 것이다.

그러나 적자 생존만으로는 글자 그대로 생존은 가능할지 몰라도 발전과 번영은 구가하기 어렵다. 변화되는 환경을 '이용(Utilization)' 하여야 번영을 누릴 수 있다. 지구상의 생물체 중 인간만이 변화되는 환경에 적응하고, 더 나아가 환경 변화를 이용함으로써 만물의 영장이 되었고 지금의 번영을 누리고 있는 것이다. 위기는 '위험한 기회(Dangerous Chance)'의 뜻으로 해석할 수도 있다. 난관과 어려움을 발전과 도약의 기회로 활용할 수 있어야 한다.

기상청에서는 혹서기나 혹한기에 기상 예보가 아닌 기상 현상 자체로 인하여 곤욕을 치르기도 한다. 여름철 최고 기온이나 겨울철 최저 기온이 관측된 곳으로 발표되는 지역에서는 땅값이나 아파트 가격이 내려가고 관광객이 감소한다는 이유로, 기상청의 관측이 잘못되었다고 주장하거나 심지어는 관측소 이전을 요구하기도 한다. 그러나 강원도 철원의 경우는 거꾸로 이를 잘 활용하였다. 철원에서는 철원 지역이 겨울에 매우 춥기 때문에 해충이 모두 얼어 죽어 그다음 해 여름에 농약을 칠 필요가 없고, 따라서 철원 지역에서 생산되는 농산물은 청정 유기농 농산물이라는 점을 홍보하여 소비자로부터 큰 호응을 얻었으며, 철원의 오대쌀이 그 대표적인 예라 하겠다. 철원 오대쌀은 지리적 특성, 즉 춥고 긴 겨울, 큰 일교차, 기름진 황토, 청정한 물과 공기 등으로 특정한 맛과 좋은 품질을 가져 '지리적 특산품'으로 등록된 우수 농산물이다.

넷째는 한자를 익혀야 한다. 우리나라의 한글은 가장 과학적이고 배우기 쉬우며 특히 정보화 사회에서 그 진가를 발휘하는 뛰어난 글자이다. 그럼에도 한자를 익혀야 하는 이유는 우선 우리나라 말의 많은 부분이 한자에 기초를 두고 있어 정확하고 풍요로운 어휘 활용을 위해서는 한자에 대한 이해가 매우 중요하며, 또한 근래 들어서 중국이 급성장하면서 우리나라에 대한 중국의 영향력이 급격히 증대되기 때문이다. 중국은 이미 세계 2위의 경제 대국으로 세계 무대에서 국제 정치 측면에서도 미국과 더불어 양대 주역으로 등장하였다. 이러한 상황에서 중국어는 못한다고 하더라도 최소한 한자만이라도 이해하면 많은 부분에서 최소한의 의사소통이 가능하고, 다른 측면에서는 우리나라가 한자를 이해하는 데 좋은 환경이기 때문에 미국이나 서구 각국에 비하여 유리한 점이 많고 그 또한 경쟁력이기 때문이다.

다섯째는 꾸준한 독서를 통하여 안목을 넓히고 혜안을 갖도록 노력하여야 한다. 카폰(Car Phone) 달린 차를 보고 부러워했을 때가 엊그제 같은데 그사이 삐삐를 거쳐 휴대 전화까지, Walkerman으로 소니 사(社)가 세계를 놀라게 했던 것이 얼마 지나지 않았는데 MP3가 등장하고 그 후 스마트폰이 만능 기계처럼 되면서 이러한 것들은 이제는 추억의 제품이 되어 버렸다. 메모지가 없으면 손바닥에 볼펜으로 전화번호나 약도를 그려 주던 것이 지금은 내비게이터나 스마트폰에 지도가 들어오는 등 그야말로 따라가기 힘들 정도로 숨 가쁘게 변화하기 때문에, 그 변화에 어지러움을 느끼지만 미래를 지혜롭게 준비하기 위해서는 도도히 흐르는 큰 물결의 흐름을 읽을 수 있어야 한다.

이를 위해서는 폭넓은 독서를 통한 지식의 확대와 간접 경험이 매우 좋은 방법이다. 신문의 컬러 광고 사진을 바짝 들여다보면 각각 색이 다른 점들에 불과하지만 조금 떨어져서 보면 그림이 나타난다. 사안에서 떨어져서 보고 그림을 발견할 수 있는 눈과 지혜는 독서로부터 나온다고 해도 과언이 아니다. 특히 이공계 전공자는 인문사회계 책을, 인문사회계 전공자는 자연과학 분야의 독서가 큰 도움이 될 것이다.

미래는 준비하는 사람의 것이듯이 큰 꿈은 창조적인 생각과 도전 정신, 그리고 작은 꿈들이 현실로 바뀔 때 이루어진다.

『청소년이 묻고 과학자가 답하다 - 과학의 미래』
필자 기고문(2011. 4. 15) 일부 보완, 자유로운 상상 출판사】

그래, 난 꼰대다 그래서 도대체 뭐 어쩌라구?

V

멍 때리다 빠진 사해(思海)

1.
'다름'에서 찾아보기

각 나라의 말이나 어법 특히 표현 방법은 그 민족이 오랜 기간 같이 살아오면서 형성된 고유의 사고방식을 나타낸다고 할 수 있다. 중학교에 입학하여 영어를 처음 배울 때 가장 헷갈렸던 것이 상대방에서 부정문으로 물을 때 우리말의 경우 상황이 부정이면 "예", 긍정이면 "아니오"인데, 영어의 경우에는 상대방의 질문이 긍정문이건 부정문이건 본인의 행동에 따라 답변하는 것이었다. "너 공부 안 했지?"라고 물어볼 때 우리말의 경우 공부 안 했으면 대답은 "예", 공부했으면 "아니오"인데 영어의 경우에는 질문이 부정문이든 긍정문이든 공부했으면 "Yes", 안했으면 "No"이다.

이러한 대답 방식은 우리의 경우에는 질문하는 상대방이 주체라는 인식에서 답변하는 것이라고 한다면, 영어의 경우에는 대답하는 본인이 주체라는 입장에서 답하는 것이라고 할 수 있다. 이러한 사고방식이 자기 나라를 표현할 때 물론 다른 이유도 있지만 영어로는 'My

그래, 난 꼰대다 그래서 도대체 뭐 어쩌라구?

country'를 많이 사용하는 반면에, 우리의 경우에는 상대방을 포함하는 '우리나라'로 표현한다. 한국인에게는 '내 나라' 하면 어딘가 어색하다. '우리나라'라고 해야 가슴에 와 닿는다.

독일어의 경우는 특히 숫자 표현에서 혼란을 일으킨다. 우리말이나 영어는 숫자를 표현할 때 단위가 제일 높은 수부터 말한다. 예를 들면 '4321'을 우리말로는 '4천3백2십1', 영어로는 'four thousand three hundred twenty one'으로 표현한다. 그러나 독일어의 경우에는 '1' 단위 숫자를 먼저 말하고 그다음에 10단위 숫자를 말한다. 예를 들면 '34'의 경우 '삼십사'가 아니라 'vier und dreizig(4와 30)'라고 말하는 것이 숫자의 기본적인 표현 방식이다.

백 단위 이상의 숫자는 일반적으로는 두 자리씩 끊어서 표현한다. '2431'의 경우 'vier und zwanzig, ein und dreizig(4와 20, 1과 30)'라고 말한다. 두 자리 숫자까지는 그래도 덜한데 상점이나 은행에서 천 단위 이상의 숫자를 말할 때는 머릿속이 복잡해지고, 시간이 지나도 항상 헷갈렸던 기억이 있다. '1' 단위 숫자부터 말하는 것은 기초, 기본 그리고 원칙을 중시하는 독일인들의 사고방식에서 출발한다고도 볼 수 있다.

한편 중국어의 경우에는 기본적으로 어순에 따라서 의미가 달라지는 것은 영어와 같지만, 다른 것은 단어가 문장 내의 격에 따라서 달라지지 않고 특히 동사의 경우 과거형이 없다는 것이다. 영어나 독일어의 경우에는 과거분사까지 있으나, 중국어에 있어서는 동사의 과거나 미래를 나타낼 때 동사의 형태는 바뀌지 않고 문장 중에 요(了),

장(將) 등의 글자를 써서 나타내거나, 문맥을 보고 알아야 한다.

중국어에서 동사의 시제가 없다는 것은 시간의 흐름에 대하여 무감각하거나 관심이 없었다는 이야기가 된다. 중국인들의 만만디(慢慢的) 성향도 이렇게 동사의 시제 변화 없이도 의사소통에 아무런 문제가 없었던 것과 관계되는 것은 아닐까 하는 생각도 하게 된다.

상대방보다 자기 중심적으로 표현하는 영어, 기초를 중시하는 독일어, 그리고 시간 관념이 강하지 않은 중국어, 한글날을 지내면서 해 본 생각이다.

그래, 난 꼰대다 그래서 도대체 뭐 어쩌라구?

2.

명함과 수컷

명함의 유래에 대하여는 여러 가지 설이 있지만 그중의 하나는 중국에서의 최초 사용설이다. 중국에서는 옛날에 어느 집을 방문했을 때 만나고자 했던 사람이 부재 시에는 자기 이름을 쓴 것을 놓고 온 것이 그 후 명함이 되었다는 것이다.

유래야 어찌 됐든 명함이 이제는 성인의 경우 첫 대면 시에 주고받는 필수품이라 해도 과언이 아니며 남성의 경우에는 더욱 그러하다. 명함에는 보통 이름, 직장과 직책, 전화번호, e-mail 등의 연락처가 기재되는 것이 보통인데, 사람에 따라서는 자신의 사진을 집어넣기도 한다. 명함의 목적은 아무래도 처음 만나는 사람들이 서로 간에 자기의 이름과 직업, 그리고 필요시의 연락 번호 등을 알려 주는 것이 첫 번째일 것이다.

특이한 것은 여성들의 경우와 달리 남성들의 경우에는 상대방의 이름과 그간의 경력, 전화번호 등을 익히 알고 있는데도 불구하고 퇴직 또는 직장을 옮겼겠다고 짐작되거나 오랜만에 만나면 "명함 있으면 하나 달라."라는 것이 예삿말처럼 되었다.

여성들 상호 간이나 남성들이 여성들에 대하여는 그렇게 하지 않는다. 여성들의 경우에는 직장 생활을 오래 하였다고 하더라도, 퇴직 후에 만나면 상대방의 명함보다는 자식들에 대한 관심이 우선인데 반하여, 남자들이 명함에 먼저 관심을 가지는 것은 상대방의 명함 속에 찍힌 직장과 직책이 무엇보다도 궁금해서일 것이다.

이러한 현상은 어찌 보면 잠재되어 있는 수컷의 동물적 본능이 발현되는 것이라고도 볼 수 있다. 동물의 세계에서 보면 거의 모든 수컷들은 다른 수컷을 만나거나 다른 무리에 들어가거나 할 때는 무엇보다도 먼저 다른 수컷의 서열을 확인하고 자기의 위치를 정한다. 수컷들의 이러한 서열 확인 본능은 특히 번식기가 되면 더욱 강하게 표출되는데, 이는 다른 수컷을 누르고 최고의 자리에 올라야 그 무리의 모든 암컷을 거느릴 수 있고, 자기의 DNA를 퍼뜨릴 수 있기 때문일 것이다.

사자, 물범 등 상위 포식 동물들일수록 최고 강한 수컷이 모든 것을 차지하는 승자독식(The winner takes all)의 논리가 지배하므로, 모든 수컷들은 서열 1번의 수컷이 되고자 목숨을 걸고 피 튀기는 싸움을 벌인다. 이 정도는 아니지만 남자들에게도 서열 확인이라는 수컷 본능이 남아 있어 다른 사람, 특히 다른 남성의 명함에 관심을 가지는 것이 아닐까 생각해 본다.

대부분의 남자들이 퇴직하면 풀이 죽는 것은 소속감의 상실보다는

그래, 난 꼰대다 그래서 도대체 뭐 어쩌라구?

서열이 높든 낮든 그 서열 자체가 없어지기 때문이리라.

[과우회지 2013년도 9월호-통권 제221호 필자 기고문, 과우회]

3.
나이는 숫자에 불과하다?

2013년 계사(癸巳)년도 내일이면 역사의 뒤안길로 사라진다. 매년 이맘때쯤이면 한 해를 마무리하면서 성취감과 보람을 느끼기도 하지만, 그보다는 아쉬움과 회한이 더 큰 것은 필자 혼자만의 생각은 아닐 것이다. 새해를 맞으면서 나이 한 살을 더 먹는다는 것이 어릴 적에는 빨리 어른이 되어, 하고 싶은 것들을 마음대로 할 수 있겠다는 철없는 생각에 즐겁기까지 했었다. 그러나 이제는 나이가 들수록 새해를 맞이한다는 것에 생각이 복잡해지고 일면 두렵기까지 한 것은, 단지 앞으로 살 시간이 이제까지 산 시간보다 더욱더 짧아지기 때문만은 아닐 것이다.

평균 수명이 길어지고 100세 시대와 함께 '제2의 인생 설계'라는 말이 인구에 회자될 때마다 많은 사람들, 특히 나이 든 사람들이 하는 얘기가 "나이는 숫자에 불과하다."라는 말일 것이다. 이 말은 나이가 들어도 기죽지 말고 젊은 생각과 도전 정신을 가지고 '여생'이 아

그래, 난 꼰대다 그래서 도대체 뭐 어쩌라구?

닌 '후반기 인생'을 전반기처럼 역동적으로 엮어 나가자는 자기최면성(自己催眠性) 표현이 아닐까 싶다. 과연 '나이는 숫자에 불과'할까? 어릴 때 자라면서 말썽을 피우면 부모님이 가장 많이 하시던 말씀이 "너는 언제 철들래?"와 "너는 언제 나잇값 할래?"라는 것이었다. 이 말은 나이 어릴 때만 해당되는 말일까?

옛 중국 땅의 제나라 경공(景公)이 정치에 대해 공자에게 물었다. 공자가 대답하기를 "군군신신부부자자(君君臣臣父父子子)"라고 하였다. '임금은 임금다워야 임금이라 할 수 있고, 신하는 신하다워야 신하라고 할 수 있으며, 아비는 아비다워야 아비라고 할 수 있고, 자식은 자식다워야 자식이라고 할 수 있다.'라는 말이다. 나잇값 한다는 것은 공자의 생각을 빌린다면 '~답다'는 것의 다른 표현이라고 할 것이다. 20대는 20대다워야 하고 60대는 60대다워야 하며, 90대는 90대다워야 한다. 10대 청소년이 80대처럼 생각하고 행동하면 '애늙은이'라고 할 텐데 70대가 20대처럼 행동하면 무어라고 할까?

나이에 걸맞게 '~답다'는 것은 사람마다 생각이 다르겠지만, 기본적으로는 자연법칙에 순응하는 것이 아닐까 싶다. 나이가 들면 눈은 원시(遠視)가 되고 청력도 떨어져 가는 귀가 먹는다고 하는데, 이러한 노화 현상이 우리에게 시사하는 바가 크다 할 것이다. 이는 나이가 들수록 작은 것은 보지 말고 큰 것을 보고, 가까이보다는 멀리 보라는 조물주의 계시일 것이며, 또한 작은 것에 귀 기울이지 말고 큰 것을 들으라는 자연의 섭리를 일깨워 주는 것이리라.

어느 방송에서 한 출연자가 하는 말이 '나이 든 사람들은 모두 고시패스한 사람들'이라는 것이었다. 여기서 '고시'란 '고생과 시련'을 일컫는 말인데 고시패스하다 보니 다양한 경험 속에서 생각의 고무줄 잣대, 이중 잣대가 생겨 자기에게는 관대하고 반면에 남에게 특히 젊은 사람들에게는 엄격한 고시패스생이 되어 가는 것은 아닐까?

나이는 숫자에 불과하다? 아니다. 나이는 엄연한 '인생 계기판 마일리지'이며 나잇값 하라는 엄숙한 암묵적 게시일 것이다.

아! 내년에는 한 살 더 먹은 나잇값 할 수 있을까? 두려움과 걱정이 앞선다.

[과우사랑방카페 필자 기고문(2013. 12. 31)]

그래, 난 꼰대다 그래서 도대체 뭐 어쩌라구?

4.
장관과 판서,
그리고 'Occupation'과 'Beruf'

직책의 명칭과 역할

2023년 5월 15일 국내 언론은 미 정부의 한반도 전문가이자 국무부의 2인자인 웬디 셔먼(Wendy Sherman) '부장관'이 6월 사임한다고 보도했다. 웬디 셔먼의 공식 직함은 'Deputy Secretary'. 그런데 왜 '부장관'으로 표현했을까? 부처 내 2인자이면 차관이고 한미일 차관회의 때도 웬디 셔먼이 참석했었는데 말이다. 언론에서는 웬디 셔먼이 그전에 맡았었던 정무 분야의 'Under Secretary of State'를 차관으로 칭했다.

미국의 경우 국무부, 재무부, 국방부 등 주요 부처에는 'Deputy Secretary'가 있는데, 미국의 직제명은 기본적으로 서열식으로 정해져 있다. 즉 장관-부장관-차관-부차관-차관보-부차관보처럼 말이다. 우리나라의 중앙 정부 직제도 장관-차관-실장-국장-과장같이 서열식 명칭이다. 그런데 우리나라나 미국처럼 서열식 직위명만 가지고는 그 직위가 어떤 역할을 하는지에 대하여 알 수가 없다. 장관은 그 부처의 수장(首長)이고 차관은 2인자, 실장·국장·과장은 실·국·과의 책임자라는 뜻만 알 수 있는 것이다. 하다못해 우리나라에서 복수 차관 부처의 경우에는 1차관, 2차관으로 불리니 더욱 그러하다.

그러면 조선왕조 시대에는 어땠을까? 현재의 장관은 판서(判書), 차관은 참판(參判), 실장급은 참의(參議), 과장은 정랑(正郞), 사무관은 좌랑(佐郞)이었다. 판서는 정2품, 참판은 종2품, 참의는 정3품으로서 모두 당상관이었다. 정랑(正郞)은 정5품의 관직으로 지금의 부처(部處)격인 여섯 개 조(曹)의 중견 실무 책임자였고 조금씩 변동이 있었지만 각조에 3인의 정랑이 있었다. 좌랑(佐郞)은 정6품의 벼슬로 상급자인 정랑과 한 조가 되어 행정 실무를 총괄하였다.

그런데 직위명의 한자 뜻을 보면 그 직책의 역할이 명시되어 있다. 판서는 서류를 판단하는 직위이고, 참판은 판서가 판단할 때 참여하는 자리며, 참의는 판서와 참판이 의논할 때 동참하는 자리라는 의미이다. 조선 시대에는 3명의 당상관이 회의를 통해 정책을 결정하고 시행하는 것이 관례가 되어 있었기 때문에, 참판이나 참의가 반대하면 판서도 독단으로 처리할 수 없었다. 참의 또한 업무를 임의로 결정하지 못하고 판서, 참판과 함께 논의한 뒤에 결정하였다. 현재의 직위명과 비교할 때 합리적이고 명확하지 않은가.

그래, 난 꼰대다 그래서 도대체 뭐 어쩌라구?

차지(Occupy)하는 직업과 신이 내린 천직(天職)

직위 이름이 이렇다면 직업의 명칭은 어떨까? 사람들은 "직업에는 귀천이 없다."라고 말한다. 이는 옛날 사농공상(士農工商)의 사고보다는 기본적으로 서구의 개념에서 출발한 것이라 할 수 있다. 따라서 영어나 독일어 등 서구 언어의 표현에서는 직업의 높낮이를 의미하거나 암시하는 것이 없고, 거의 대부분 하는 일에 -er, -or이나 -man 또는 -ist를 붙이면 직업의 표시가 된다. engine-er, teach-er, tail-or, profess-or, fisher-man, art-ist, scient-ist 하는 식이다. 그러나 우리나라의 경우는 직업 표현의 어미에 높낮이의 의미가 은연중 녹아 있다. -부(夫), -부(婦), -원(員), -사(事: 도지사, 판사, 검사, 형사), -사(師: 의사, 약사, 교사), -사(士: 변호사, 변리사, 공인회계사), -사(使: 대사, 공사), 수(手) 등 직업에 따라 붙이는 어미가 다양하고 또한 뉘앙스를 달리 한다.

어느 직업에는 선비 '사'를 붙이지만 어떤 직업에는 지아비 '부'나 지어미 '부'를 붙였다가 요즈음은 '원'이나 '사'로 바꾸어 부르고 있는데, 바꾸어 부른다는 것 자체가 직업의 높낮이를 의미하고 있다고 생각한 증거라고 할 수 있다. 의사의 경우에는 스승의 의미인 '師'를 씀에도, 거의 대부분 선생님을 또 붙여서 '의사 선생님'으로 중복 존칭한다. 우리가 머리로는 직업이 평등하다고 생각하려 하지만 가슴으로 느끼는 것은 직업 표현에서 보듯이 차이를 느낀다고 볼 수 있다. 현실이 이렇다 보니 많은 사람들이 '사'자 돌림의 직업, 즉 변호사,

판·검사, 의사 등으로 몰리게 된다.

'직업'이란 말 자체도 우리와 외국은 다르다. 우선 직업의 영어 표현은 'job'도 있으나 'occupation'도 있다. 능력 있는 사람이 차지하는 것이 직업이므로, 평생'직장'이 아니라 평생 '직업' 개념으로 자기 능력에 맞는 보수를 찾아 직장을 옮겨 다닌다. 한편 독일의 경우는 직업을 뜻하는 단어가 'Beruf'이다. 여기서 'ruf'는 '부름'의 뜻이고 'Be'는 동사를 피동으로 만드는 접두어이므로, 'Beruf'는 '부름을 당한 것'의 의미이다. 누구한테서? 신(神)으로부터 말이다. 따라서 'Beruf'의 사전적 의미도 신의 초빙, 신의 소환 그리고 연관하여 천직(天職), 소명, 직업, 직무 등을 뜻한다. 상대방의 직업을 물을 때 영어에서는 'What do you do?'나 'What is your job?' 또는 'What is your occupation?'이라고 묻지만, 독일어에서는 'Was sind Sie von Beruf?'이다. 글자대로 해석하면 '당신은 신의 부름에 대하여 무엇하는 사람입니까?'이다.

그래서 독일의 직업인들은 장인, 즉 마이스터(Meister) 정신이 강하고, 평생'직장' 개념이 미국에 비하여 뚜렷하다. 특히 공무원의 경우는 더욱 그러하다. 공무원은 독일어로 'Beamte'인데, 여기서 'Amt'는 공무, 관직, 직권 등을 의미한다. 그러므로 'Beamte'는 공무를 수행하도록 신이 부른 것이므로 성실하고 특히나 매사에 꼼꼼하다. 정책 시행이나 안전 확보에 있어 최후의 보루는 공무원으로 생각한다. 그러다 보니 독일에서는 대형 사고가 별로 일어나지 않는다. '돌다리도 두드려 보고 건너는 것'이 아니라 돌다리도 두드려 본 후 남이 안전하게 건너는 것을 확인한 다음에 건너는 것이다. 따라서 독일에서는 일할 때 입는 옷을 '작업복(Arbeitskleidung)'이라 하지 않고 '직업복(Berufskleidung)'이라고 부른다. 그런 맥락에서 직업복을 입으면 모든 사람이 평등하게 천직을 수행하고 소명에 응하는 것이 된다. 하다못해 가정주부들도 집안일을 할 때는 거의 대부분 앞치마를 두르고 한다. 일본처럼 말이다.

그러면 우리나라에서 '사' 자 쏠림 현상이 미래에도 지속될까? 장래 어떤 직종이 유망할 것인가에 대하여 정확히 예측하기는 어렵다고 하더라도, 분명한 것은 사회 발전에 따른 인식 변화로 현재 상황과는 다르게 될 것이라는 점이다. 예전에는 제대로 평가받지 못했거나 심지어는 폄훼되었던 분야들이, 지금은 새롭게 인식되고 있는 것을 보면 장래의 전개 상황을 미루어 짐작할 수 있다. 요즈음 연예계나 스포츠 스타들이 청소년들의 선망의 대상이고, 예술·연예 산업, 의상 또는 헤어 디자인, 드라마나 영화 산업 등은 국내에서서뿐만 아니라 외국에서 강한 한류 바람을 일으키고 있으며, 외국에서는 연구나 벤치마킹 대상이 되는 상황이 이를 뒷받침한다고 할 수 있다.

미래에는 '기후변화'와 '장수(長壽)' 관련 분야가 각광을 받을 것으로 예상되는데, UN 산하 'Foresight Network'에서는 2030년경 보편화되는 일자리로 기후변화대응전문가, 날씨조절관리자, 기후산업개발자, 인간장기제조전문가, 노화예방매니저, 기억력증강 내과의사, 개인브랜드창안자 등을 꼽았다. 최근 한 대학의 취업 정보 센터에서 전망한 장래 유망 학과는 애완동물 관리 학과, 심리학과, 바리스타학과, 글로벌의학과, 크루즈 승무원과, 전통 약재 개발 학과 등이었으며, 이러한 상황에서 각 대학들은 취업 유망 학과를 경쟁적으로 개설하고 있다. 공연영상학과, 자동차 손해보상학과, 휴대전화학과, 모바일 커뮤니케이션학과, 부동산 지적 GIS 학과, 스마트폰 콘텐츠학과 등 몇 년 전만 하더라도 상상할 수 없던 분야들이다. 하다못해 '게임 마이스터' 고등학교까지 생겼다. 예전에는 오락 정도로 생각했던 게임이 지금은 'E-sports'로 각광받고 있으며 중요한 산업분야가 되었다. 창조적인 일, 사회에 기여할 수 있는 일, 누군가는 꼭 해야 하는 일 등이 각광을 받을 것이다. 그렇게 되면 현재 우리의 직업 표현도 크게 달라질 것이다.

『청소년이 묻고 과학자가 답하다 - 과학의 미래』
필자 기고문(2011. 4. 15) 일부 보완, 자유로운 상상 출판사]

그래, 난 꼰대다 그래서 도대체 뭐 어쩌라구?

5.

데이트 폭력과 마스크 폭력

데이트 폭력, 주로 헤어진 여자 친구나 스토킹하던 여성이 만나 주지 않거나 자기의 요구를 들어주지 않을 때 상대 남성이 여성에게 가하는 폭력 행위를 일컫는다.

'데이트 폭력'이라 표현하니까 일반적으로 주먹 등에 의한 물리적 가격(加擊)만을 생각하는데, 요즈음은 그 실태가 더욱 심각해지고 있다. 해당 여성을 무참히 살해하거나, 그에 그치지 않고 여성의 모친 등 가족까지 죽음에 이르게 하는 일도 가끔씩 발생하여, 큰 우려와 함께 여성들을 불안하게 하고 있다. 오죽했으면 어느 대통령 후보는 이를 염두에 두고 본인의 대통령 당선 시 소위 '데이트 폭력'을 우선적으로 하는 '범죄와의 전쟁'까지 공약으로 내걸었을까.

한편으로는 사람을 죽이지는 않지만 죽음에 이르게 할 수도 있는 현상이 '코로나19' 팬데믹 상황에서 벌어졌었다. 마스크로 인한 폭력이다. '마스크' 하면 우리나라에서 코로나 발병 초기 마스크 공급 부족으로 약국에서 마음대로 살 수 없고, 본인의 생년 끝자리와 맞는 날에 그것도 선착순으로 사야 했던 기억이 먼저 떠오르는데, '마스크 폭력'은 마스크를 아예 착용하지 않거나 불완전하게 착용하여, 주위 사람들에게 불안감을 주거나 '코로나19'의 감염 가능성을 높이는 것이다. 마스크를 제대로 쓰지 않아 생긴 말들이 그 실상을 말해 준다.

코와 입은 노출한 채 마스크를 턱에 걸친 '턱스크', 가장 많이 보는 사례이다. 이와 함께 입에만 걸치고 코는 내놓는 '입스크' 그리고 마스크를 쓰긴 했으나 콧등이나 입 아랫 부분은 제대로 막지 않고 엉성하게 쓴 '엉스크'까지 말이다.

이러한 것은 약과다. 하루는 관악산 둘레길을 걷던 중 어느 쉼터의 벤치에 앉아 간단한 점심을 먹고 있었다. 그런데 어떤 남자가 마스크도 쓰지 않은 채 아무 양해도 없이 불쑥 내 옆에 바짝 붙어 앉는 것이 아닌가. '코로나19'가 한창 기세를 떨치던 시기이기에 먹던 점심을 멈추고 마스크를 쓰고 곧바로 자리를 떴다.

필자가 일어나자마자 그 남자, 벤치에 누워 낮잠을 청하는 것이 아닌가. 자기 낮잠 잘 자리를 위해 '무(無)마스크 전술'로 남을 쫓아낸 것처럼 느껴졌다. 이 두 사례야말로 데이트 폭력 못지않게 일어나지 말았어야 할 '코로나19' 시대의 자화상이었다.

그래, 난 꼰대다 그래서 도대체 뭐 어쩌라구?

6.

개구리의 넘사벽, 개(犬)

며칠 전 2023년의 경칩이 지났다. 경칩은 24절기의 하나로 우수(雨水)와 춘분 사이에 있으며, 보통은 양력 3월 5일경이다. '경칩'하면 대부분의 사람들은 무엇보다도 겨울잠을 자던 개구리가 땅 밖으로 뛰쳐나오고 봄이 시작되는 것으로 생각한다.

경칩은 한자로는 놀랄 '경(驚)'과 숨을 '칩(蟄)'이다. 글자대로만 보면 개구리는 없다. 개구리를 뜻하는 한자는 와(蛙)이다. 다만 '칩' 자에 '겨울잠을 자다'라는 의미가 있으므로 이는 동면하는 벌레나 동물을 통틀어 뜻하기에 개구리도 포함해 이해하는 것이다.

옛날에는 특히나 허리 아픈 데 좋을 뿐만 아니라 몸을 보한다고 하여 경칩에는 개구리 알이나 도롱뇽 알을 먹었다고 한다.[20] 이런 까닭에 경칩 하면 개구리부터 생각하는 것이 아닌가 싶기도 하다.

'개구리' 하면 대부분 봄을 생각하지만, 부정적 의미의 말들도 많

---

[20] 장주근, 「경칩」, 『한국민족문화대백과사전』, 한국학중앙연구원

다. '우물 안 개구리'라든지 '개구리 올챙이 적 생각 못 한다', '황소 뒷걸음에 잡힌 개구리', '어정뜨기는 칠팔월 개구리' 등 여러 가지가 있다. 이러한 개구리가 페루나 인도 등에서는 기우제에 활용되는데, 특히 인도에서는 개구리 결혼식까지 올린다고 한다.

어쨌든 우리나라에서 부정적 인식이 있는 개구리에 비해 개는 어떨까? 개 역시 우리 말속에 부정적 표현이 많다. 우선 '개자식', '개새끼'라는 욕부터 '개고생', '개꿈', '개죽음', '개싸움', '개기름', '개뿔', '개떡 같다', '닭 쫓던 개 지붕 쳐다본다' 등과 함께 조금은 비아냥거리는 의미가 포함된 '개 팔자가 상팔자'라는 말까지 말이다. '개나리'나 '개살구'와 같이 꽃이나 식물에 접두어로 '개'자가 붙으면 약간 모자란다는 뜻으로 '개나리'는 '나리'보다 못하고, '개살구'는 '살구'와 달리 맛이 별로라는 말이다.

한자 사자성어에도 개에 관련되어서는 부정적 표현이 많다. 대표적인 예로 '토사구팽(兎死狗烹)', '양두구육(羊頭狗肉)'을 들 수 있다. 개를 한자로 표기할 때 '견(犬)'과 '구(狗)'가 사용되는데, 일반적으로 '견'은 큰 개를, '구'는 작은 개를 의미한다.

반어적 측면에서 개가 긍정적으로 쓰이는 예가 없는 것은 아니다. '개같이 벌어 정승처럼 쓴다'라거나 '개떡같이 말해도 찰떡같이 알아 듣는다', '죽 쒀서 개 준다' 등이 있는가 하면 할머니, 할아버지가 귀여운 손자, 손녀를 '강아지, 우리 강아지'라고 하거나 '우리 강아지 새끼'처럼 표현하는 것이다. 말대로 하면 자기가 개가 되는 것인 데도 말이다. 더 나아가 아름답지 못한 단어까지 붙여서 귀여움을 강조하

그래, 난 꼰대다 그래서 도대체 뭐 어쩌라구?

기도 한다. '예쁜 우리 똥강아지'라고까지 하면서 애정을 나타내기도 한다.

그러나 시대가 변하면 인식도 바뀌는 법. 근래 들어 반려견을 많이 키우다 보니 개에 대한 표현도 크게 변했다. '애완견'에서 '반려견'으로 명칭이 바뀐 것은 물론이고, 욕처럼 느껴지던 '개'의 접두사가 긍정적 표현에도 들어가기 시작했다. 물론 부정적 의미를 갖는 '개 피곤'이라든지 '개 실망', '개 짜증', '개 빡세다' 등의 표현도 생겨났지만, '개 이득'이니 '개 친해', '개 이뻐', '개 좋다', '개 행복', '개 만족', '개 공감' 등의 긍정적 표현이 점점 늘어나고 있다.

긍정적 표현 속의 접두어 '개'에 대하여 인터넷상에서는 어디에 붙여도 개는 부정적 의미를 가지는 것이 아니냐면서 설왕설래하는 상황이기도 하다. 이러한 논란 속에서도 반려견 수가 지속적으로 증가함에 따라 관련 산업도 빠르게 성장하는 추세이다. 동물병원부터 시작해 사료 산업, 애견 카페, 휴가 시 맡기는 개 호텔이 있는가 하면 개 목욕시키는 24시간 무인가게까지 생겼다. 더 나아가 최근에는 국내에서 주인 옆 좌석에 반려견이 앉는 반려동물 동행 전세기까지 등장했다. '댕댕이 제주 전세기'로 명명된 이 상품은 월 1회 2박 3일 일정으로 김포와 제주 간을 왕복하는 것으로 출시 사흘 만에 매진되었다고 한다.

그야말로 '개 팔자가 상팔자'가 된 셈이다. 그러니까 '견공(犬公)'이라는 의인화 존칭까지 나오지 않았을까 싶다. 가끔 해외 토픽에서 보았던 것처럼 우리나라에서도 세상을 떠난 견주가 거액의 유산을 반려견에게 상속했다는 소식이 들려올 날도 머지않은 것 같다. 이러한 상황은 개구리에게는 감히 넘볼 수 없는 '넘사벽'이 된 것이다.

그래, 난 꼰대다 그래서 도대체 뭐 어쩌라구?

7.

"나는 규칙을 지키다가 죽었노라."

1994년 10월 21일 아침, 성수대교가 무너져 내려 등굣길의 학생과 출근하던 직장인 등 32명이 사망하고, 그 이듬해에는 삼풍백화점이 붕괴되어 502명이 목숨을 잃었으며 1,000명 가까운 사람들이 부상을 당하는 대형 참사가 있었다.

20년이 지난 지금(2014.9) 우리의 안전에 대한 상황은 어떻게 변했을까? 지난 4월의 세월호 침몰 사고, 최근의 판교 통풍구 추락 사고 등이 이 질문에 대한 답이 될 것이다.

독일에서는 신호등이나 '양보' 등과 같은 특별한 표지판이 없는 한 도로의 크기에 상관없이 무조건 오른쪽 도로에 있는 차가 우선 통행권을 가진다. 예를 들면 왕복 10차선 도로에 샛길이 연결되어 있는데 신호등이나 특별한 교통표지가 없으면 샛길에 있는 차가 우선이다.

독일 국민들의 준법 정신을 말해 주는 일화(逸話)가 있다. 하루는 한 독일 남성이 차를 몰고 이와 같은 샛길을 가는데 큰 도로에서 트력이 무서운 속도로 달려오고 있었다. 그 남성은 당연히 자기가 우선이므로 망설임 없이 큰 도로에 진입하다가 트럭과 충돌하고 말았다. 치명상을 입은 그는 병원에서 죽음을 맞이하면서 가족에게 유언하기를 자기의 묘비에 "나는 규칙을 지키다가 죽었노라."라고 써 달라는 것이었단다.

우스갯소리로만 들릴 수도 있겠으나 얼마 전에 독일인들의 투철한 준법 정신을 보여 주는 재미있는 해외 뉴스가 있었다. 유럽의 어느 TV 방송사가 독일을 포함한 유럽 내 몇몇 나라 국민들의 준법 실태를 알아보려고 몰래카메라 실험을 하였다. 대로변의 공중전화 부스에 '남자용', '여자용' 표시를 붙여 놓고 어떻게 행동하는지 알아본 것이다. 독일을 제외한 다른 나라 사람들은 남녀노소 할 것 없이 아무 칸이나 들어가 전화하였다. 반면에 독일 사람들은 다른 칸이 비어 있음에도 줄을 서서 기다리는 것이었다. 우리 같으면 어땠을까? 공개된 장소에 설치된 공중전화 부스에 "웬 남녀 구분?" 하고는 아무 칸이나 빈 부스에 들어가지 않았을까 싶다.

독일 사람들은 법규를 제정할 때에는 오랜 시간에 걸쳐 열띤 토론을 하지만, 일단 규칙이 정해지면 아무리 사소한 것이라 하더라도, 또 이해가 안 간다고 하더라도 묻지도 따지지도 않고 철저히 지킨다. 이러한 준법 정신과 함께 독일 사람들이 일상생활에서 입에 달고 살다시피 하는 말이 있다.

"Sicher ist sicher.", 즉 '안전한 것이 안전한 것', '확실한 것이 확실한 것', '안전과 조심이 제일', '후회하는 것보다는 안전한 것이 최고' 등의

　　　　　그래, 난 꼰대다 그래서 도대체 뭐 어쩌라구?

의미이다. 일면 답답하고 융통성이 없어 보이기도 하지만, 철저한 준법 정신과 매사에 있어 사전에 꼼꼼히 따져 보고 점검하는 독일 국민들의 정신이야말로, 독일을 제2차 세계 대전의 패전국에서 유럽 내 최강국으로 만든 원동력이 되었다고 할 수 있다. 독일에서 대형 참사가 일어나지 않는 것도 이러한 정신이 있기 때문일 것이다.

전쟁의 폐허에서 라인강의 기적을 이루고 동·서독 통일을 이루었으며, 그리스·포르투갈 등 남유럽 국가의 경제 위기 극복을 지원하고 EU의 경제를 굳건히 떠받치고 있는 독일, 우리도 이제까지 이뤄낸 경제 발전 및 정치 민주화와 함께 앞으로 독일 국민들처럼 철저한 준법 정신과 아울러 모든 일에 "Sicher ist sicher."라는 생각을 갖고 임한다면 대한민국은 크게 안전한 나라가 될 것이다.

[과우회지 2014년도 9·10월호-통권 제229호 필자 기고문, 과우회]

8.

영국을 이긴 인도,
세계인을 삼킨 영국

2022년 10월 24일, 인도를 포함 전 세계에 퍼져 살고 있는 인도인들은 환호했다. 영국의 재무장관을 지낸 약관 42세의 '리시 수낵(Ri-shi Sunak)' 의원이 영국 총리로 선출된 것이다.

인도인들은 감정이 북받쳤을 것이다. 인도가 영국에서 독립한 지 75년 만에 자기들을 약 200여 년간 다스렸던 나라의 총리로 인도인 이민자의 아들이 취임하게 되었으니 어찌 감회가 없으랴!

영국이 브렉시트(Brexit: 영국의 EU 탈퇴)를 추진하면서 많은 사람들이 영국의 홀로서기에 우려를 가졌었지만, 이번 수낵의 총리 선출을 계기로 영국을 다시 보게 되지 않았을까? 서거한 엘리자베스 여왕의 장례 기간 중 왕실 유지에 대한 반대 시위가 일어나는 등 왕실 존립에 의문이 제기되기도 했으나, 영국이 주로 옛 식민지였던 56개 국가들과 함께 "The British Commonwealth of Nations", 즉 영연방이라는 우산 아래 '공동의 번영(Prosperity)과 민주주의(Democracy) 그리고 평화(Peace)'를 추구하고 있는 현실을 보면서, 영국이라는 나라의 내공(內功)을 새삼 느끼게 되었을 것이다. 프랑스나 스페인 등 예전에 식민지를 많이 가졌던 나라들이 영국처럼 할 수 있을까? 아니 식민지로 있었던 나라들이 그렇게 하지 않을 것이다. 오히려 영연방에는 프랑스 식민지였던 가봉과 토고, 포르투갈 식민지였던 모잠비크 그리고 벨기에 식민지였던 르완다가 가입해 있다.

한편 인도는 2023년 4월 인구 14억 2,860만 명으로 중국의 14억 2,570만 명을 앞서 세계 1위의 인구 대국이 되었다. 특히나 인구 절반이 30세 미만이어서 경제 대국으로서의 발전 가능성도 점쳐지고 있다. IMF 기준 명목상 GDP는 이미 2021년에 인도가 영국을 앞서게 되었다. 5위였던 영국의 순위가 전에 6위였던 인도와 순위가 뒤바뀐 것이다.

인도와 영국의 예를 우리의 경우에 비춰 보면 영국 그리고 영국인들의 이성과 용심(用心)에 경의를 표하지 않을 수 없다. 일본에 이민 간 한국인이나 그 자손이 일본 총리로 선출되는 것을 상상이나 할 수 있을까? 결코 일어날 수 없는 사건이다.

필자가 아주 오래전에 읽었던 박권상 전 동아일보 런던 특파원의 『영국을 생각한다』와 『속 영국을 생각한다』를 떠올리면서, 수낵의 영국 총리 선임은 세계사에 남을 일이고, 아울러 영국인들의 포용력 역시 역사에 기록될 일이라고 강조하지 않을 수 없다.

9.

두 대통령의 도박?

2022년 2월 24일 발발한 우크라이나 전쟁은 거의 모든 사람들이 며칠이면 수도 키이우가 함락되고 우크라이나가 항복할 것으로 생각했지만, 세계 제2의 군사 강국인 러시아가 우크라이나 국민들의 결사 항전에 맥을 쓰지 못하고 개전 후 2년이 가까워져 오는데도 고전하고 있다. 그동안 수많은 인명 피해가 있었는데, UN이 발표한 바에 따르면 이제까지 발생한 우크라이나 민간인 사망자만 10,000명에 육박한다고 한다. 이번 전쟁이 세계에 끼친 손실 역시 막대하다. OECD는 이번 전쟁에 따른 세계 손실이 3,550조 원의 어마어마한 규모로 추정했다.

이 모든 상황의 중심에 누구보다도 젤렌스키 대통령이 있다. 전쟁 자체가 일어나지 말았어야 하지만, 전쟁이 없었다면 젤렌스키 대통령의 진가를 제대로 알 수 있었을까? 전쟁이 벌어지기 전에는 국민들의 믿음을 온전히 얻지 못했던 젤렌스키 대통령, 개전 후 그에 대한

국민들의 지지율은 90%를 넘었다. 그는 우크라이나 국민들의 영웅이 되었고, 많은 세계인들의 찬사를 받는 진정한 국가 지도자가 되었다. 미국의 시사주간지 「타임」은 2022년 '올해의 인물'로 젤렌스키 대통령을 꼽았다. 국내외의 많은 사람들은 희극 배우를 했던 그의 이력 때문에 "대통령을 제대로 할 수 있을까?"라는 우려와 함께 그를 폄훼하기까지 했다.

그러나 젤렌스키는 러시아의 우크라이나 침공이 시작되자 "난세에 영웅이 난다."라는 말과 같이 냉혹한 전쟁 상황에서 그의 진면목을 발휘했다. 전쟁 발발 전 러시아는 말할 것도 없고 외국에서도 러시아가 우크라이나를 단기간 내에 제압할 것으로 판단했다. 그래서 미국 등 서방 국가에서는 젤렌스키에게 망명을 권유했다고 한다. 젤렌스키 대통령은 단호했다. 목숨을 걸고 우크라이나 국민들과 함께 조국을 지키겠노라고. 그러면서 그는 참모진들과 함께 군복 셔츠를 입고 비상 상황에 임하고 있는 사진을 SNS를 통하여 국민과 전 세계에 알렸다. 대통령 부인도 전투복 차림으로 대 러시아 결사 항전의 결기를 보여 주었다.

특히 젤렌스키 대통령은 담대하고 강인한 모습을 보여 주면서 우크라이나 국민들을 독려했고, 전 세계를 향하여 러시아의 만행을 고발하면서 전투 장비 지원 등을 요청했다. 젤렌스키 대통령은 특히 SNS를 통해 UN과 자유세계에 우크라이나 국민들이 겪고 있는 참상 등을 알리고, 전투기 등 전쟁 물자의 지원을 간절히 요청했다. 이러한 젤렌스키의 충정은 전 세계인의 마음을 움직였고, 핀란드의 경우에는 10년 이상 걸렸던 EU 가입도 우크라이나의 경우는 신속 절차를 밟도록 상황을 이끌었다. 중국과 벨라루스 등 극히 일부 국가를 제외하고는 러시아에 대한 경제적 제재와 대 우크라이나 군수 물자 지원에 동참하고, 러시아의 만행을 규탄했다. 그러자 전임 대통령을 비롯하여 국회의원 등 우크라이나 정치 지도자들 거의가 젤렌스키 대통령의 호소에 동참하면서 총을 들었다.

전쟁이 터지자 결혼식을 앞당겨 한 신랑, 신부가 같이 입대하기도 하고, 수만 명의 여군이 전쟁에 참여하고 있는데, 이들은 대부분 자원입대한 경우가 많은 것으로 전해지고 있다. 이러한 우크라이나인들의 애국심과 단결심이 젤렌스키 대통령으로 하여금 결사 항전의 의욕을 불러일으키는 큰 힘이 되지 않았을까 싶다.

2023년 6월 우크라이나는 러시아에 대한 대대적인 반격 작전에 돌입했다. 이 전쟁에서 어느 나라가 승자가 될까? 두 대통령의 정치적 도박은 어떻게 결말이 날까? 물론 두 나라 중 하나가 승자가 될 테지만 무승부가 될 수도 있다. 전쟁이 지구전이 되다 보니 두 나라 모두 무기 등 병참 지원에 한계를 느끼고 있는 상황이므로, 적당한 선에서 휴전이나 종전을 할 수도 있다.

이번 전쟁에서 러시아가 이긴다고 해도 러시아에게는 '상처뿐인 영광' 정도가 아니라 '잘해도 손해'인 것이다. 수많은 인명 피해는 차치하고라도 이번 전쟁에서 보여 준 러시아군의 전쟁 수행 능력은 세계 2위라는 이제까지의 세계적 평판을 무너뜨렸고, 특히나 러시아 무기들에 대한 신뢰성이 크게 떨어져 향후 무기 수출에 치명타가 될 수도 있다. 더구나 용병 기업 '바그너 그룹'의 수장인 '예브게니 프리고진'의 반란 시도도 푸틴의 국정 장악력을 크게 약화시켰다고 할 수 있다. 최근 비행기 추락 사고로 프리고진이 사망함에 따라 러시아의 국정운영이 어떻게 될지는 미지수다. 만약 러시아가 패한다면 푸틴의 입지는 말할 것도 없고, 러시아의 국력 자체가 약화되어 러시아가 중국의 영향력 아래 들어갈 수도 있다. 그렇게되면 승리를 꿈꾸던 러시아는 '대박'을 노렸다가 '쪽박'을 차게 되는 것이다.

반면에 우크라이나가 승리한다면 우크라이나는 국토를 보전하고 우크라이나 및 우크라이나 국민들의 정체성과 불굴의 의지 등을 전 세계인들에게 각인시키게 되면서, 향후 우크라이나의 전후 복구와 발전에 큰 원동력이 될 것이다. 그러나 만일 패한다면 우크라이나로서는 최악의 상황을 맞게 되는 것이다. 크나큰 인명 손실, 파괴된 국토, 독립 30여 년 만에 다시 러시아의 영향력 아래 들어가야 하는 고통과 수모 등 감당해야 할 수난은 이루 다 말할 수 없을 것이다. 그럼에도 불구하고 이번 전쟁에서 우크라이나가 보여 준 것만으로도 장기적으로는 '밑져도 본전'이 아니라 '밑져도 이익'이 되지 않을까 싶다. 비록 전쟁이 장기화됨에 따라 우크라이나의 반격 작전에 대한 긴장감도 전쟁 초기와 같지 않을 뿐만 아니라, 미국 등의 지원국들도 피로감을 느끼게 되면서 우크라이나에 대한 평가가 이제까지와는 다르게 이루어지고 있어도 말이다.

그래, 난 꼰대다
그래서 도대체 뭐 어쩌라구?

ⓒ 이만기, 2023

초판 1쇄 발행 2023년 11월 23일

지은이	이만기
펴낸이	이기봉
편집	좋은땅 편집팀
펴낸곳	도서출판 좋은땅
주소	서울특별시 마포구 양화로12길 26 지월드빌딩 (서교동 395-7)
전화	02)374-8616~7
팩스	02)374-8614
이메일	gworldbook@naver.com
홈페이지	www.g-world.co.kr

ISBN   979-11-388-2434-7 (03300)